GRUNDFORMEN DER ANGST

分裂、憂鬱、強迫、歇斯底里人格深度探索

恐懼的原型

弗里茲・李曼 FRITZ RIEMANN 著　楊夢茹 譯

推薦序

認識恐懼原型：不會消失，只會變形

林耀盛

美國精神醫學會歷經多年改版，於二〇一三年出版的《精神疾病診斷與統計手冊第五版》（簡稱 DSM-5），原先倡議將原來的人格疾患分類系統，改為以人格特質論為主的向度取向，進而將人格影響的功能程度，以「自我」與「人際」兩個面向為軸加以評量，自我又分成「自我認同」與「自我導向」的程度；人際則分為「同理心」和「親密感」的關連。之後，雖然仍在研議階段，人格疾患的診斷新系統並未如其他心智疾患類別同步止式推出，但已顯示人格成因的複雜度和理論統合的困難。不過這樣的自我與人際雙軸度的提議，也說明當個體的自我認同是缺乏自尊、一味逃避，無法建構牛活發展的穩定目標；在人際上也感受到疏離、變化不定，難以與人建立親密關係，同時無法理解、寬容他人與自己的關係。如此所塑造出的人格特質，可能促使恐懼情結容易如影隨形，不僅害怕與人接觸，也擔憂自我犯錯。

DSM-5人格疾患改版的理念，指出人格的界定成因複雜，難有明確一致的定義，但與對於自我特性認定、與周遭他者關係、人格的動能是力求穩定永恆或勇於探索改變等相關因素有關。如此，與曾是心理學家及心理分析專家、慕尼黑心理研究暨治療研究所（現為心理分析與治療學院）創始人之一的弗里茲・李曼（Fritz Riemann）著作的《恐懼的原型》一書，有所呼應。他由天體運行的概念獲得啟發，提出以「自轉」、「公轉」、「向心力」、「離心力」的四大挑戰進行恐懼原型人格的論述。對照本書與DSM-5本來預計推出的人格疾患的思考策略，某個層面來看，也在若干程度符應李曼如此的構想。當然，兩者背後的動機與思維有不同的脈絡，但也顯示人格類型學的反覆探索，是人們辨識個人特性的古老學問與新興論述的複合體。

從演化來看，恐懼是古老的情緒。儘管科技日新月異，恐懼仍如影隨形。以生物觀點而言，恐懼感是人類的理性設計，是存活的提醒機制，適當的恐懼感可以保全人類，可以說是一種演化論的後果。從社會學習而言，恐懼也可能是模仿觀察而來，就如同制約反應而言，都是一種行為連結。當然，恐懼也可能是不當的認知解釋後果，過度的災難化預期，容易引起恐懼孵化反應，無形中益加放大擔憂和恐怖。

本書雖然是探討恐懼原型的人格類型，但人格成因複雜，與社會認知和文化因素有關，與心理動力亦有關連。從當代閱讀脈絡來看，如果說原始社會恐懼的根源是來自對超自然神祕力量的無知，當代社會恐懼的因由，相當程度是來自對安全秩序過度信任的信仰系統動搖，卻又尚未重構替代性體系。然而，信任不只是個認知議題，是對世界系統的穩定信念，更是一種情緒安定的特徵。回到社會處境來看，信任機制的斷裂，使得恐懼占據了文化想像，如今的不安全感所引發的強烈的危險意識，不再僅是個體的問題，社會和個人之間的關係也產生了變化。例如，家庭可能不再是安全庇護的養育所，反而有可能變成家暴虐待的地雷區。政府的維安策略，可能也會引發恐怖攻擊。當承認社會無法解決過去遺留下來的難題，更加劇了不確定的文化。對未來的懷疑憂慮態度，影響自我認同、人際關係和社會信任。當「恐懼」一詞進入日常生活用語，它向人類發出警語：現在是付出代價的時候了，恐懼的文化的一個不幸後果，是任何問題都可能轉變為生死存亡的問題。

於是，本書此刻的重新出版，是回到個人性格探索的精神分析旅程的開始，進入重新理解恐懼原型的時刻。如同弗洛伊德（Sigmund Freud）提到：不被理解的事物將再度出現，就像一個尚未找到位置的鬼魂。直到解開神祕知識，破除鬼魂之後才會安息。作者以恐懼原型道出四種類型，「認為把自己交出去就是失我與依賴，因而恐懼」；「認為做自己太不安全且孤立，因而恐懼」；「害怕變化，視之為消逝與不可靠」；「害怕既定的事實，視之為終結與束縛」——進而引伸出「分裂人格」（害怕失去自我，避免與人來往）、「憂鬱人格」（害怕分離與寂寞，落得百般依賴）、「強迫人格」（害怕改變與消逝，死守著熟悉的事物）和「歇斯底里人格」（專斷自為，逃離既定事實與規範）。同時，李曼認為所有其他的恐懼都是由這四種原型衍生出來的，也與人類存在息息相關，同時與互補也互為矛盾的動力有關。

但進一步從本書的閱讀中，可以理解作者的用意不在於提出人格分類學的典型性心理病理人格診斷，而是在於直面我們內在的恐懼暗影，瞭解自身的性情。讀者閱讀時，無須對號入座，輕易地陷入自我診斷的陷阱，或是武斷地以此人格分類解釋他人的行為。本書的論述正好反映出人格類型的變異度、多樣性和異質性的面貌。

從心理原型的概念來看，恐懼的原型可能啟動靈性轉化，開啟個人和陰影相遇的路程；這是一趟啟航、鍛鍊、再運轉於不同航道、觸碰各式各樣的暗流，而後回返到療癒的路程。書中援引不少真實的個案，作者提到恐懼都有一個前身，與我們的成長經歷有關。成年人害怕什麼，恐懼來襲時的規模與強度，無非都是涉及童年時期的經驗。如此，也就可以瞭解雖然作者將廣義環境視為定數，但仍指出這是生命的一部分，我們通常可以不斷從這四種恐懼的原型中，找到人生各種處境的解答。

如同人格的穩定度或變異度會隨時代因素而有所影響，同樣的，恐懼原型或文化樣貌，或許隨著時代不斷變形而有不同的面容。李曼雖然在本書脈絡中提到，不會刻意區分恐懼、害怕、畏懼、憂懼等詞意，但從德文書名觀之，作者採用 **Angst**，就帶有存在焦慮的存有論意涵。因此，面對恐懼，理解恐懼，也深刻地揭示了人類基本的本體論境況，以及人類存有的意義。如此，就帶出如同存在人文心理學家馬斯洛（Abraham Maslow）曾指出的，人類內在有兩股力量始終交戰。一股力量是著眼於安全，將我們拉回防衛狀態，避免採取冒險行為；另一股力量是考量到成長，將我們推向獨立與自由。當人們經驗到恐懼，也就歷經與承受這兩股力量的拉扯。但終究，如何在自身認同、人際關係、世界趨勢和未來展望當中，相互糅合又不失去自身的獨特性；如何不被既定格局或意識形態綑綁，處理多重衝突，進而智慧選擇下一步，這是個難題。

要回應如此的難題，可以透過本書的案例與論述，重整、認識自己的人格養成，也同步理解、同理他人。如今，我們面對當代新興的「恐懼政治學」處境，當恐懼的文化使人與人之間變得更形陌生，助長社會瀰漫懷疑氛圍，以及在各式各樣新興的恐懼事件的威脅與挑戰下，恐懼幽靈似乎徘徊不去。閱讀本書的人格類型，如同走入不同恐懼原型人格案例的感情世界、攻擊性、環境因素構成和生活故事所交織的複合情節；這樣的反思閱讀，也是從個體案例式認識投向群體性生活世界理解的基礎。啟動閱讀，也就是認識自己、理解他人的重要開端。本書在臺灣社會的重新出版，是面對公共信任衰落與恐懼新興類型的深刻回應。恐懼，不會消失，只會變形。

唯有深度分析，我們才能清楚面對不同人格的恐懼原型，進而因應這些差異人格原型排列組合後的新狀態、交互關係所生成的人格複雜動力學，及其恐懼衍生的反覆多重變形。

就從閱讀這本書，開始。

本文作者為國立臺灣大學心理學系教授

推薦序

自己的恐懼自己解

李明璁

生命本身是成長和衰退的起伏，它是會改變的，否則它根本就不是生命，因為變化的發生是不可避免的，我們也因此變得焦慮，焦慮使人尋求安全，或相反的會去冒險，這是值得好奇的。因此，對恐懼的研究就不只限於對退卻與防禦工事的研究，它或多或少也在尋求對成長、勇敢和冒險的瞭解。

——段義孚（Yi-fu Tuan, 1979）

存在主義哲學家卡繆，曾說這個時代就是恐懼的世紀。人類雖然憑仗科技控制生態自然，藉以減緩、甚至消除各種天災或各類生物對我們的生存威脅，但卻又集體化且個別性地陷入一種「自己害怕自己」的弔詭狀態。

無論是納粹與法西斯的興起導致史上最恐怖的殺戮，或者戰後美蘇兩大強權對峙所形成的冷戰結構壓迫，歸根究柢都源自於人心深層的恐懼。尤其當社會處於巨大變遷時，人們對於自己難以安身立命狀態的焦慮，在媒體操弄與政治動員下，轉化成強烈的受迫威脅感。於是，人們寧可選擇「肅清且安全的威權」，也不願擁有「放任而不安的自由」。

焦慮，是一種面對預期將至的恐懼事物之心理反應。一九四八年普立茲詩歌獎，頒給了詩人奧登（W.H. Auden）的作品《焦慮年代》（*The Age of Anxiety*）。在這首長詩中有四個人物，出身背景各不同，但都有著共同特徵：孤寂、缺乏自我存在的意義感、無法愛人也感受不到被愛、甚至因此失去體驗開放世界的活力。

而在二戰之後與冷戰開啟的這段期間，有兩本奠下日後恐懼與焦慮研究的心理學經典誕生，分別是一九五〇年出版、「存在心理學派」創始人R. May的著作《焦慮的意義》（*The Meaning of Anxiety*），以及德國心理學家F. Riemann於一九六一年所出版之本書：《恐懼的原型》。

這兩本書，不約而同扭轉了長久以來主導美國心理學界的行為主義。當時的主流研究大多只是使用實驗量表，對焦慮或恐懼情緒進行施測，並將其視為一種異常的生理與神經反應。然而，焦慮和恐懼的複雜度與變異性，其實更涉及社會心理層面的成因，且與人際關係、角色扮演、乃至背後更大的社會框架關係密切。

自此之後，焦慮和恐懼，開始被視作一組充滿張力的辯證主題：不單是人們只想除之而後快的負向神經反應，其實也可能是富有正向意義的身心狀態。正如同哲學家齊克果曾言：「冒險造成焦慮，但不冒險卻失去自我。」焦慮和恐懼都涉及人我互動的鬆緊矛盾、一種尋求平衡的不斷嘗試。畢竟我們所害怕的，其實也可能正是我們所渴望的。

這本書所歸納出之四種恐懼的原型，恰恰就是源自不同人我關係與生命情境的反覆拉鋸。對此，作者首先以四種基本動力，精準譬喻了我們每個人都想擁有也害怕失去的自我狀態：一、自轉：想保持自我獨立、與眾不同的欲望。二、公轉：想得到他人認同、尋求歸屬的需求。三、向心力：對恆定不變與安全穩固的堅持。四、離心力：對嘗新求變與冒險犯難的嚮往。

接著，作者以精彩而有說服力的臨床案例，說明上述四種原力的推拉一旦失衡，所可能造致的四種典型的自我恐懼、與相應的心理問題：一、害怕把自己交出去，於是過度隱藏自我（產生分裂人格）。二、害怕做自己，以至於完全的依賴（產生憂鬱人格）。三、害怕改變，無法忍受混亂或消逝（產生強迫人格）。四、害怕既定的規律，逃避義務約束與角色要求（產生歇斯底里人格）。

其實，無論是四種原力或四種害怕，恐懼的原型都恆存在我們每個人的心中，不可能有其中一項會完全消失無蹤。就像作者以宇宙為譬喻：「這乍看之下是一種對立現象，事實上運行有序也均衡。」因此閱讀本書的意義，與其說是瞭解不同人格傾向的「病態」恐懼因果，相反的，我們更該積極接納，各種恐懼說穿了也都是「常態」，只是它有時過於放大導致相對失衡罷了。

洞察了這些本質，便能幫助我們進行切身的反思，進而追求班雅明在《單行道》一書中所言、既無比艱難卻也可能瞬間變得簡單的人生境界：「面對自己而不感到惶恐，便是幸福。」

本文作者為國立臺灣大學社會學系助理教授

目錄

第一章　害怕把自己交出去——分裂人格

害怕交出自己，害怕展現自己的弱點會被別人當作是瘋子，於是他永遠不敢說，恐懼逐漸累積，終至他難以承受的地步。接著，恐懼潰堤，一發不可收拾。他喪失理性……他把恐懼轉換成外在世界的某樣東西，如此他可以比較容易迴避、抗拒或加以消滅；但藏在內心的恐懼卻讓他舉手投降。

第二章 害怕做自己——憂鬱人格 087

有什麼辦法可以不受分離與失去的恐懼所困？唯一的對策是發展獨立自主的能力，不再分分秒秒依賴另一個人而活。但憂鬱的人很難做到這一點，因為這代表他必須鬆開與另一個人的緊密連結，這會立刻引發他對失去的恐懼。解決之道是尋找其他的安全感來源，但這只會讓問題變得更糟。

- ・憂鬱人格的感情世界 098
- ・憂鬱人格的侵略性 103
- ・環境因素 108
- ・憂鬱人格的故事 123
- ・補充說明 140

第三章 害怕改變——強迫人格 151

對安全感的需求排山倒海般強烈，是強迫人格者的根本問題。他們小心謹慎、想很多、著重目標與長遠的計畫。從恐懼的角度來看，我們可以說他們害怕風險、改變與消逝。他們就像要學會游泳才肯下水的人，也就是什麼事都要先演練過。

每當恐懼的巨大陰影籠罩心頭，表示我們正處於人生的關卡，
面臨重大的挑戰；
如果我們先行接納，並且嘗試克服恐懼，
新的力量將在我們身上萌生。
每戰勝它一次，我們就淬鍊得更堅韌。

導論

恐懼為本質與生命之矛盾

恐懼屬於生命的一部分，你我都在劫難逃，它以不同的面貌伴隨著我們，從誕生直至死亡。縱觀歷史，人類不斷嘗試藉由各種巫術、宗教與科學，思索克服、減緩、戰勝或是約束恐懼的對策。有人尋求神靈的庇護，有人委身愛人求取寄託，科學家研究大自然的規律，宗教家及修行者禁慾苦行，思想家從哲學思維中探尋，但都沒能成功地驅除恐懼。因為前人的努力，現在我們比較能夠容忍恐懼，有為者甚且把它轉化為一種促進成長的沃土。

無憂無懼痛快度過一生顯然是大家都曾做過的美夢，但人生在世就無法不憂不懼，我們的依賴心、終將一死的認知，都反映在其中；我們只能試著培養抗衡的力量：勇氣、信任、知識、權力、希望、謙卑、信仰以及愛。這些可以幫助我們接納恐懼，分析及研究恐懼，以百折不撓的精神與恐懼奮戰。人不可能完全擺脫恐懼，所以那些允諾釋放我們心中恐懼的各種方法，與人類的存在背道而馳，只會讓我們期盼落空。對於那些玄奧的諾言我們要存細觀察，不要輕信。

既然恐懼是我們生命中的不速之客，時時刻刻盤踞我們的心頭，每當內心或外在環境起了一點兒波瀾，它就迅即滲透到我們的意識中。通常我們想趕它出去、避開它時，多少也有一些對付的技巧或方法：壓抑它，削弱它，掩飾它，或者否認它的存在。然而，恐懼始終潛伏著，如同死神從來沒有因為我們不去想就自動隱退一樣。

每一個民族的文化各有特色，每個國家的開發程度有高低之分，每個人也都不一樣，但恐懼不受這些影響。在我們操作了某些方法，採取了某些措施抵抗它之後，那些造成我們心中憂懼的事物，有沒有因此改變呢？有的，譬如打雷閃電已不再使我們顫慄害怕，日蝕與月蝕成為大家觀賞的自然現象，我們不再以為日月星辰將永遠消失，世界末日即將來臨。今日，我們害怕的東西與古人不一樣，我們害怕病毒，害怕新型絕症將致我們於死地，害怕發生車禍，害怕年華老去和寂寞。

千百年來，與恐懼作戰的方法並沒有推陳出新，古人有巫師作法犧牲獻祭，現代則改由醫藥登場——恐懼沒有退場。各式各樣的心理治療是現代處理恐懼情緒最有影響力的新策略：心理治療以漸進的方式釐析恐懼的心理，開掘個人早年的成長背景中導致恐懼的因素，研究個人與家庭及社會文化之間的相互關係，培養我們與恐懼對峙的能力。

這裡有一個重大問題：人類仗著科技文明的進步征服世界，舊有的恐懼雖然被驅除滅絕，卻也衍生出其他的恐懼。僅僅體認到恐懼與我們如影隨形無濟於事。有一種新型的恐懼侵擾著現代人的生活：在我們的俯仰之間，埋伏著愈來愈多的恐懼因子，處處與我們為敵，我們很熟悉心靈被撕裂的感覺——想像一下濫用核能會導致什麼後果，想一想濫用權力侵犯自然生命週期的景象。人類犯的錯就像回力飛鏢★，缺少愛與謙卑，想要征服自然、操控生命，恐懼因此應運而生，於是我們只能任憑它擺布，性靈空虛。以前的人面對自然災害時一籌莫展，畏懼魔鬼與神靈的懲罰，而今日我們害怕的對象是自己。

若以為「進步」（往往也是一種退步）將消除我們的恐懼，不啻一種幻覺；當然，進步會排除一些恐懼，但同時也會形成新的恐懼。

恐懼與我們密不可分。雖然它是一個普遍的現象，但每個人體驗到的恐懼都不一樣，怕死、怕付出愛，以及害怕其他抽象的東西。每個人的恐懼皆有其形式，就

★譯按：澳洲土著用曲型堅木製成的武器，投出後可飛回原處。

和一個人如何愛、如何死一樣各有特色。因此，恐懼是源自個人的經驗和思想。所以儘管有共通的集體的基本恐懼，但恐懼總是帶有個人的印記。個人的恐懼和個人的生活條件、與生俱來的性情以及環境相關；它牽涉了我們自幼至長的故事。

如果我們「不帶恐懼」地看著恐懼，可以看見它的雙重面向：恐懼讓我們積極迎戰；恐懼也會使我們麻痺癱瘓。危險當頭，恐懼往往是一個信號和警告，同時也帶有挑戰的意味，讓人想要去打敗它。接受恐懼，克服恐懼，可以讓我們成長成熟；避開它，不正面加以回應，會讓我們停滯不前。無法戰勝恐懼的人，如同長不大的小孩。

當我們處於陌生的情境時，不安會悄悄來襲。邁向成長與成熟的每一步都讓人感到不同程度的恐懼，因為那將帶領我們迎向未知，迎向我們尚未懂得如何應對的新事物。所有等待我們去做、去經歷的新鮮事充滿刺激，但也充滿了不確定。生命總是將我們帶往新奇、費疑猜又陌生的道路上，而惴惴不安伴著我們上路。成長期間，每當我們揚棄熟悉的路線，踏入新階段，準備接受新任務，恐懼便不請自來；每個年紀所面臨的成長課題，都包含了克服心中障礙這道關卡，一旦我們戰勝了恐懼，人生便又往前邁進一步。

因此，有些恐懼是生命發展的常態，一個健全的人可以平安通過並從中獲得成長。克服恐懼才能夠進步。想想踏出生平第一步的孩子，要放開媽媽的手，獨自行走；想想第一次上學的小孩，要脫離家庭的呵護，進入一個陌生的團體；想想我們生命中重大的轉折。這些都需要先克服恐懼才辦得到。再想想我們的青春期，初次與異性邂逅，以及對性的好奇與渴望；首次進入職場、組織家庭、初為人母，然後面臨衰老死亡。各種新的開始以及初次嘗試的經驗，都染著恐懼的色彩。

所有上述的恐懼與我們的身體、心靈或社會經歷息息相關，是人生必經之路，踏出去的步子都跨越了某一個界限。我們被要求脫離熟悉、親密的環境，壯起膽子去探險。

除了這些，還有許多與上述的恐懼迥異、與跨越成長階段大相逕庭，十分獨特的恐懼型態，若我們未曾經歷就無法理解。有人因寂寞而恐懼，有人害怕置身人群之中，有的人過橋或走過廣場時會驚惶不已，另有人看到甲蟲、蜘蛛或老鼠之類的小動物就會心驚膽跳。

恐懼的型態變化萬千，人人各有所懼，算下來每一樣東西都有人害怕。若我們仔細觀察形形色色的恐懼，會發覺其中的變數可以加以整理分類，我把它們稱為「恐懼的原型」，呈現於本書中。繁多的恐懼情緒皆屬於這些原型極端的變體或扭曲，或者是轉移。我們習於把未處理、未克服的恐懼轉嫁到一些無害的替代品上，與真正點燃我們恐懼的引信相比，替代品容易應付，恐懼卻是躲都躲不掉。

恐懼的原型關乎我們面對這個世界的心理狀態，以及我們身處的兩個對立的矛盾。我想要以我們通常沒有感覺到、但確實存在的自然定律作為譬喻，來說明這兩大矛盾。

我們存在的世界有四種巨大的動力：太陽是宇宙的中心，地球循著一定軌道繞日而行，我們稱這樣的循環為地球的**公轉**。地球同時也繞著自己的軸心轉，稱為**自轉**。由此產生兩股對立又互補的動力：**萬有引力**與**離心力**。天體因而保持運作，在一定的軌道上運行。萬有引力維持地球於不墜，一直把地球拉回中心，是一股穩定的吸力。離心力則向外擴張，逃離中心點，是一股拉開的力量。當這四種動力均衡和諧時，宇宙才會有秩序、上軌道；若其中任何一種力量過大或無法作用時，一切就會亂了套。

讓我們想像一下，假使地球失去其中一個動力，譬如不再繞日而行，它變成不只是一顆行星，反常地像太陽一樣成為宇宙的中心，於是其他行星就得繞著它運行。地球脫離了原來的軌道，自訂規則活下去。

若是地球不自轉，只繞著太陽運行，它會降級變成衛星，永遠只有一面向著太陽，沒有自主能力。以上這兩個想像都會破壞行星的慣性服從以及獨立自轉的規律。

繼續往下想像：如果地球失去萬有引力，即向心力，僅剩離心力，勢必會脫離軌道，也許撞上別的天體，墜毀成碎片。倘若只有萬有引力，失去平衡的離心力，則會變得凝滯僵固，或者當另外一種力量出現時，它無力制衡而被曳出軌道。

居住在地球上的人類是太陽系中的微粒，必須遵循一定的規律，上述的動力才會持續潛伏著；這與天體運作的道理有異曲同工之妙。我們只消把每一種基本動力放到人的層面，轉譯為心理，與我們的心靈作對照，就會發現從生命延展出來的兩大矛盾，而每一種恐懼原型都與這兩個矛盾有關，寓意深刻。

心理學上說的「自轉」表示人的性格，每個人都是獨一無二的。繞日而行的「公轉」表示服從大格局，為了顧全大局，自治權以及個人意願都可以受到限制。由此我們看到第一個矛盾：**自我與整體的對峙**。

「向心力」與我們內心對永恆與穩定的嚮往一致。「離心力」則符合我們不斷向前、追求變化的意向。由此我們看到了另一個矛盾：**一面拚命追求永恆；一面又求新求變**。

根據這個宇宙定律的類比，我們受到四種基本動力的影響，反映在我們身上為四種基本的挑戰，彼此牴觸卻又互補。它們千變萬化，與我們形影不離，不斷向我們索討新的答案。

第一項挑戰，也就是譬喻中的「自轉」：**我們要做一個獨一無二的個人**，肯定自我的存在，與其他人有所區別，無人能取代。然而，汲汲營營追求與眾不同，疏離感日增，午夜夢迴，寂寥的大浪打過來，恐懼便如潮湧，對我們造成威脅。種族、家庭與民族，年齡、性別與信仰，職業或社團，使我們與別人產生連結，互為生命共同體，但**我**仍是一個獨立、具有特質，與別人不一樣的個人。每個人的指紋都不一樣，絕對不會混淆，這實在很有意思。我們的存在有若一座金字塔，具有所有建築物的基礎與共同性，但愈是接近塔尖，就愈特別、異於其他建築物。在個人發展的過程中，也就是榮格所謂個體化的過程，接受以及發展自己的特色時，會讓我們漸失歸屬的安全感，我們不再「與別人一樣」，繼而在徬徨不安中體會到做為一個個人的寂寞滋味。我們愈是要和別人不一樣，就愈感到孤寂、不安、不被瞭解、被拒絕，甚至被排擠。與此相反，如果我們不敢探險，沒有發展成為獨立的個體，把自己藏在群體的規格之中，則我們的人與人格就不臻完整。

第二項挑戰，譬喻中的「公轉」：**我們對這個世界、生活與周遭的人敞開心扉**，與不同的人、不熟悉的事物往來互動。廣義說來，就是興沖沖的活著。但恐懼由此而生，我們害怕失去自己，害怕變得依賴而任憑別人擺布，擔心自己只會順著別人的意思、不考慮自己，以及為了適應必須放棄太多自我。這裡是指我們失去了平衡。把自己交出去，卻又有種施展不開的無力感，讓人忸怩不安；鼓不起勇氣接受挑戰，我們又會變成孤立無援的個體，缺少人際連結，沒有歸屬感，也沒有安全感，人我皆不識。

在此，我們遇上生命加諸我們的一個矛盾要求：我們應該要自我保存與自我實現，同時又要能夠捨己為人與無我；我們必須克服對失去自我的恐懼，以及對做自己的恐懼。

另外兩項挑戰同樣具有矛盾與互補的兩極化特色。

第三項挑戰，譬喻中的「向心力」，即萬有引力：**我們對永恆的嚮往**。我們在這個世界築巢，計畫著未來，努力完成目標，彷彿以為一切很穩定堅固，永遠有一個未來可期待，生命無止無盡；與此同時，我們明白死神在召喚，生命隨時可能結束。有人以為只要自己認為未來無窮無盡，生命就如他所願不會結束，於是他可以不停地勾勒遠景與美景——這將導致他害怕消逝，也害怕人生中捉摸不定的東西。這樣的人排拒新事物、沒有把握的計畫，對生命一直向前流動及世事瞬息萬變感到恐懼。有句話說，沒有人會在同一個地方上岸兩次，因為河水和個人都不斷在改變方向。假使我們死了追求永恆的心，就永遠闖不出一番成績，也實現不了夢想；所有的創造皆因對永恆的思慕而發生，否則我們根本無從美夢成真。我們如此這般過日子，好像手上的時間無限似的，以為我們的目標指日可待，幻想中的永恆便成為推動我們完成任務的原動力。

最後是第四項挑戰，譬喻中的「離心力」：**我們隨時準備好改變自己**，肯定所有的改變與發展，拋開熟悉的事物，把傳統與習俗扔到腦後，才到手的東西立刻與之告別，一切都是過渡與過站。於是我們不斷求新求變，刻不容緩，絕不能逗留，迎接新事物，勇於嘗鮮，那些日積月累的規矩、需求和習性令人喘不過氣來，侷限了我們的機會與對自由的追求。在這裡，死亡被視為是一種停滯與終結的威脅；不再追求變化，不再勇於嘗試，死守著舊有的東西，重複著他人的生命歷程，時間之河與四周的人事將超越我們、忘卻我們。

由此我們看到了生命加諸我們的另一個矛盾要求：追求永恆，同時又追求變化；我們必須克服對短暫與消逝的恐懼，以及對既定的規律與事實的恐懼。

根據上述，我們認識了四個恐懼的原型，整理如下：

一、害怕把自己交出去，覺得會失去自我與依賴；

二、害怕做自己，覺得太不安全與孤立；

三、害怕變化，覺得短暫無常又不可靠；

四、害怕既定與必然，覺得束縛與終結。

各種恐懼的形式都是由這四種原型衍生而來，也都與這四種和人類存在息息相關，矛盾卻也互補的動力有關：自我保存與孤絕疏離，與此相反則是捨己以及歸屬感；追求永恆與安全，與此相反則是追求改變與冒險。我們追求什麼，就會恐懼那些與之相反的事物。但宇宙運行的規律卻告訴我們，唯有相互衝突的力量保持平衡，天體才會井然有序。這裡所謂的平衡並非統計學上的計算，也不是說一定要達成什麼目標，而是一重內心源源不絕的創造力。

除此之外，我們要知道，每一種恐懼及其強度都和我們與生俱來的性情，即遺傳，以及我們成長的環境有密切的關聯；換言之，恐懼與我們的身心狀態和個人經歷都脫不了干係。內心有著怎樣的恐懼情結，必定有一個形成的背景；由此可以看出童年的重要性。每個人的恐懼都受到性情以及環境的影響，我們害怕的，別人往往難以感同身受，他人視為理所當然者，在我們卻是揮之不去的陰影。

性情與環境，家庭與社會，都有可能成為培養恐懼的溫床。一個大抵而言健康的人，也就是成長過程未曾受到干擾的人，一般來說都知道如何與恐懼共處，甚至戰勝恐懼。而受過干擾者，經驗到的恐懼若巨大又頻繁，則恐懼的原型之一將攻占他的心靈。

恐懼到無以復加的程度，或持續的時間很長，會變成一個重擔，造成一種病態。最嚴重者，是童年時盤踞心頭的恐懼，因為幼兒尚未具備反擊的能力。力道強、時間長，或者超越年齡所能承受的恐懼，往往令人難以消化，會造成孩子的成長停滯不前，甚至退化，出現幼稚的行為模式以及其他症狀。一個孩子若太早體會到太多的恐懼，稚弱的他無力面對一波又一波的恐懼浪頭，必須仰賴外界的協助，如果外援無著，他孤獨地被巨大的恐懼感所淹沒，將會造成人格的創傷。

在成人方面，參與戰爭、被俘、面臨性命交關、遭遇自然災害等等，以及心靈上受到打擊，超越了忍耐極限，都會使人陷入驚慌失措，做出衝動的行為或產生精神官能症。與兒童相比，成人能夠做出反擊和尋求對策的可能性大得多：他會捍衛自己，考量整個情況，找出是什麼引起他的恐懼；更重要的是，他可以明白恐懼因何而來，能夠把心中的感受說出來，並獲得別人的理解與援助，也有能力評估眼前的威脅到底有多大。小孩子不具備這些能力，愈是弱小，愈是成為恐懼的獵物，毫無招架能力，不知道要忍耐多久、會發生什麼可怕的事。

本書將要探討這四種基本的恐懼；從另一個角度來說，假使我們放棄基本動力中的任何一種，就會失衡，把我們導向其中一種人格。我們將逐步介紹每一種人格，並且詳述每個人的性格中或多或少會有的傾向。這些人格類型可以從四種恐懼的原型來加以理解。若一個人明顯偏向某一種人格類型，與幼年的發展失調有很大關係。從而，若一個人活在這四種基本動力和諧均衡的狀態下，就表示他可以處理好這四種恐懼。

一開始，這是一個正常的人格類型架構，只有些微的偏傾。倘若過於偏向某一面，超過了極限值，就成為四種基本人格的變體，心理治療和精神分析學上稱之**分裂**、**憂鬱**、**強迫**與**歇斯底里**人格。當然，這並不表示大部分人都得了精神官能症。

本書在敘述四種關於生命的病症時，也會探討一個健康的人的片面人格，以及輕微、嚴重、極端的心靈創傷。人的個性與氣質是討論時的一個要素，但我會把重點放在成長背景上。

其次要提醒讀者，本書所論及的四種人格分類方式，是以精神分析、心理治療的知識與經驗為基礎，較之於根據性格或性情而做的分類，沒有那麼宿命論及驟下斷語。以天生的性格區分會讓人覺得是與生俱來的，難以扭轉，只能接受。我要談的與此略有出入。

我之所以是我，並不是因為身體構造使然，而是因為我對這世界與人生有一定的看法、一定的行為舉止，而這源於我的生命歷程；人格由此鑄成，並且擁有各種特質。其中不可逆的是我天生的性情、童年環境、父母與老師的個性、社會與社會規範，這些在某種程度上塑造出我這個人。書中闡述的人格，若先天上因教養者忽視和缺乏良好的示範，致使人格受影響、被壓抑，都可以藉由後來的發展來補綴，使我們的人格趨於完整或成熟，磨光磨亮我們的生命。

我們以四種基本概念與行為模式為出發點，探究我們的存在的各種狀況與關係；以宇宙為喻，乍看之下是一種對立現象，事實上運行有序也均衡。

本書沿用精神病學的定義來稱呼這四種人格類型，這並不影響心理健康的人，因為我們在運用這些概念的同時，都會介紹患者個人的經歷，以及精神官能症是如何形成的；這些定義已為大家所熟知並接受，所以沒有必要重新命名。對於分裂、憂鬱等詞彙的定義，讀者可以從書中的敘述得到清晰生動的概念。

恐懼（anxiety）與害怕（fear）兩個詞在書中反覆出現，但我並未嚴格區分其詞義，因為這不是本書的重點；而且我認為，真要做區分的話，恐怕也不容易。有人說害怕死亡，而恐懼死亡也說得通，兩者並無太大異同。一般認為「害怕」

是針對特定、具體的東西；「恐懼」則指非特定的對象，甚至比較不理性，但可能是有理由的。然而，這樣的區分也不是每次都言之成理。因此，我不再對恐懼、害怕、畏懼、憂懼等詞做概念上的區別。

這本書是為每一個人而寫的，目的在幫助大家多瞭解自己與別人，同時要告訴讀者，早期的成長階段對我們的發展有多麼重要。另一方面，則是希望喚起讀者重思我們所來自且身處其中的整個互聯的世界，我深信我們可以學到許多。

第一章

害怕把自己交出去——分裂人格

來，讓我們與眾不同。——史比特勒 Spitteler

Die schizoiden Persönlichkeiten

從恐懼的角度來看，現在我們先談談那些基本問題是害怕把自己交出去的人。心理學上稱這種人過度把自己隱藏起來，自我界線太過分明。在此則稱這個類型為分裂人格。

我們都希望自己獨一無二，當別人把我們的名字弄錯時，我們會有多麼不高興；沒有人被叫錯了名字還興高采烈的。顯然我們把屬於個人的東西，例如姓名，當成自己的一部分。「我」當然和千千萬萬的別人不一樣，但是「我」同時是某個團體中的一分子，是一個社會的共同體。我想要按照自己的好惡過日子，但也想要與他人建立關係，而親密的關係必然帶來責任。如果一個人拒絕了為別人付出的那一面，把自己完全藏起來，結果會怎麼樣呢？

分裂人格的人費盡心思獨立過活，盡可能自給自足。他不依賴任何人，不需要任何人，尤其重要的是，不必為任何人負責。因此，他遠離人群，他需要這種距離，不讓別人有親近的機會，只開放一點點縫隙。一旦距離被跨越，他會覺得像是生存空間遭到侵犯，獨立自主遭受危害，他不再完好如初，於是粗暴地反抗。害怕別人親近，是他典型的恐懼。但日常生活中他不可能把所有人都排拒在外，於是他四下搜尋保護措施，以便躲在其中，避開一切。

對他而言，絕對要避免與人近距離接觸，也絕不容許與人有親密的關係。與人邂逅、認識未來的伴侶，都讓他覺得左右為難，他只好把人際關係通通公事化。不得不與人相處時，處於團體或組織之中最讓他感到自在，因為他比較容易可以保持無名，同時又體驗到基於共同利益的歸屬感。上上之策是戴著一頂童話中的魔帽，終其一生隱形地躲在帽子下，與別人共同生活，卻不必有所付出。

這樣的人若即若離、無動於衷、難以親近，很難和他攀談，他似乎沒有個人色彩，甚至冷漠無情。形諸於外的他古怪又奇特，對人事物的反應令人費解。認識經年，卻不瞭解真正的他；今日與他相談甚歡，明天看到他時卻好像沒那回事。是的，我們愈是靠近，他就愈可能拂袖離去。他不貼心，經常沒來由地發怒或露出敵意，我們於是深覺受挫。

分裂人格的人出於害怕親密，害怕打開或交出自己，所以逃避任何緊密的關係，使得他愈來愈孤單寂寞。當別人有意接近，或是他有意親近某人時，尤其會引發這種對親密的恐懼。隨著交往更進一步而產生的好感、覺得對方迷人而發生親密行為，以及表露情愛，在他而言都極其危險。這足以解釋為什麼他往往在重要時刻不見蹤影，態度轉為敵對、峻拒。他會突然把自己關起來，切斷聯繫，躲進自己的世界裡，讓大家遍尋不著。

橫亙在他與周遭環境之間的，是一道聯繫上的鴻溝，溝渠一年比一年寬，他也變得愈來愈與世隔絕。這引起了一連串的問題：他因缺乏經驗，不甚瞭解別人的世界，以至於處於人群中時常沒有安全感。別人到底怎麼回事，他永遠無法正確掌握，因為唯有密切相處，而且彼此欣賞喜歡，才能累積出心得；而他對此非常排拒，只好靠著猜想臆測來調整人際關係的方針。他極度惴惴不安，不曉得自己對別人的印象和觀感是幻想或心理投射，或者屬實？

讓我們借用舒茲漢克（Schultz-Hencke）形容分裂人格的一個圖像，來說明他們所處的世界。你我應該都有過這樣的經驗：坐在火車的車廂裡，旁邊的鐵軌上停著另一列火車。火車緩緩開動，幾乎感覺不到震動或搖晃，一時之間肉眼很難判斷究竟是哪一列火車在行駛？直到我們可以找到車廂外的一個定位點，就能確定是自己或別人在移動。

這幅畫面很貼切地表達了人格分裂者的內心世界：他永遠不確定他的感覺、知覺、想法與想像僅為他所有，抑或大家皆然；而一個心理健康的人不會體驗到如此的不安全感。由於他的人際關係脆弱，在人群中很容易茫然不知所措，對於自己的經驗與印象往往會搞不清楚究竟是真的，或是內心的想像。那個人看我的眼神充滿嘲諷，還是我又亂想了？今天上司對我特別冷淡，他不滿意我什麼？他平常不會這樣的，還是我多心了？我是不是哪裡不對勁，要不然他們幹嘛那樣瞅著我，還是我想太多？

這種不安全感會使人猜疑、病態地對號入座、風馬牛不相及地臆測，以及知覺混淆，內心與外在都是非不分。但人格分裂者不認為自己是非不分，因為他把自己的心理投射視為真實情況。如果這種不安感變成一種心理常態，我們不難想像那會有多麼煎熬，特別是當這樣的人因為缺乏親密關係而無從改善內心的憂懼。我們會向親近的人傾訴自己的焦慮與恐懼，但這樣的人向來沒有值得信賴的朋友，所以他害怕被誤解、被譏笑，甚至被視為瘋子。

這種不被信任且內心深深的不安全感，如我們所見，是造成他們減少人際接觸的主因，同時也是人際接觸太少的結果。於是他們努力發展出能讓自己在這個世界中適應得更好的技巧與方法：感性、感覺會造成不安，所以他們追求保證可以得出結論、讓人百分之百放心的「純粹」的知識。看到這裡我們不難明白，人格分裂者為什麼能夠全心投入科學研究，因為他們可以從中獲得安全感，並且得以暫時忘卻自身的感受。

相對於理智的發展，感覺的部分卻退縮了；因為感覺建立在情感之上，感覺需要對象，需要情感的指涉，需要交流。智力高人一等，情感卻很遲鈍，是分裂人格的特徵：他們的情感處於未開發狀態，有時候還停滯枯萎。這使得他們拙於人際來往，為日常生活製造出無窮無盡的難題。與人相處時他們體察不出細微枝節與差異，所以即便最簡單的互動也可能問題叢生。看看下面這個例子：

一名大學生必須上台做報告。他向來沒有朋友，因為他總是太「自大」；但隱藏在驕傲自大背後的，其實是缺乏安全感。所以他沒有想到可以向同學打聽一下應該怎麼做報告。他被種種問題折磨著，但主要問題在於他的人，而非報告本身。他不確定自己的報告能否讓聽眾滿意；他時而想像同學們對他佳評如潮，但轉瞬又自卑起來；上一秒鐘他顯得意氣風發，下一秒又跌落平庸與不足的深淵。其實他只需要問問同學的報告情況就好。但是他心想，在同學面前問起這件事實在尷尬，而且他可能會因為求教於人而被嘲笑。他不知道這樣的互動再平常不過。他沒來由的過度恐懼是因為不與同學往來，如果他和同學培養出自然的合作關係，就不會有這些恐懼。

類似的情形和行為模式對人格分裂者而言不勝枚舉，平添日常生活中無謂的困擾。然而，他們一直看不清自己的問題在人際層面，而非能力不足。

分裂人格的感情世界

如前所述，具有分裂人格的人在人際關係上特別麻煩，不論是上幼稚園、加入班級社團、進入青春期、與異性來往、和伴侶的關係等等。別人接近一步，他就害怕退後一步；當他想親近某個人時，愛人以及被愛可能產生的風險來勢洶洶襲擊著他，他所能想到的只是交出自我與依賴，於是讓他更想要撤退及逃避。

父母與照顧者若能及早發現孩子有人際接觸的問題，可望在分裂人格深鑿之前，減緩其嚴重程度。如果一個小孩在幼稚園或小學裡交不到朋友，別人以及他自己都覺得他像個局外人或獨行俠；如果青春期半大不小的孩子不熱中與異性交往，只是埋首書堆，排斥任何與人接觸的機會，以修修補補或其他活動自娛，始終獨來獨往；如果這時期他的人生觀一片晦暗，獨自苦思生命的意義，不與別人交換意見——這些都是警訊，父母應該尋求諮商。

緊接著青春期之後是對兩性關係的渴望，這為人格分裂者帶來更多的問題。因為愛會將兩人的距離拉近，不論心靈或身體。每一次愛的相遇，自我及獨立都危在旦夕；他愈是感受到親密，愈是希望保有自我。這也是為什麼對他們而言，相愛如同懸崖，不知不覺就走到讓人痛苦不堪的崖邊。這樣的人如何表達自己渴望親近意中人，與之分享親密關係和愛情？日漸強烈的情欲又如何啟齒呢？到了這個年紀，社交能力的不足以及人際關係的失靈，使得他在與人交往時笨拙不堪，尤其在建立親密關係時更是困難重重。在這樣的關係中，他也少了一個調和自己舉止的中間色調：既非勇於追求的征服者，亦非樂於奉獻的迷人角色。深情款款、言語或情感上的示愛，對他而言都很陌生，他不懂得體貼，缺乏將心比心的能力。

要在渴望親近與害怕親近的衝突中尋找解決之道，方法不盡相同。通常人格分裂者會採取簡單的策略，譬如態度冷漠，要不就是維持純粹的性關係，不帶任何情感。伴侶之於他充其量是個「性愛物品」，只為滿足他的生理需求，除此之外別無其他。也因為他與伴侶之間沒有真正的情感，換情人像換衣服一樣稀鬆平常。他用這種方式保護自己，免得愈陷愈深，面對感情他手足無措又缺乏經驗，總以為愛情很危險。所以當異性表示傾心於他，他便將之推拒於門外，因為他不知道該如何負起責任，被人喜愛讓他覺得尷尬萬分。

一個男人走進婚姻介紹所，翻閱相簿，想從中選一位最不合他意的小姐：這麼一來，她就不可怕，不會挑起他的情感。

一個女人只有在確認自己永遠不會再見到某個男人時，她才願意與對方纏綿。

一名已婚男士在住家的同一個城市裡還有另一棟房子，每當他覺得需要保持距離時，就躲到那裡去，沒有人找得到他，直到他再度興起回家的念頭。他必須這麼做，以避免和妻子及家人之間過多的親近與需索（家人因他經常落跑而尋求更緊密的聯繫，他於是更想逃避）。

從這些例子可以看出，分裂人格者多半害怕與別人產生關係、被人套住、被說服；明白這一點，我們才能理解他們怪異又讓人費解的反應。

分裂人格者只屬於自己、只信任自己，不管是真實的或純屬臆測的侵擾與干涉，若外來者想要跨越他孤立的藩籬，他都高度戒備，以保住自己的憑依。這樣的行為舉止當然很難與人互信互賴，遑論發展親密關係。責任義務之於他形同束縛；要付出的太多，特別是與伴侶之間，這樣的需求只會使他不耐煩。對責任與義務的恐懼會在頃刻間膨脹，當這樣的恐懼變得勢不可擋，他甚至會在教堂裡或法院結婚公證處轉身逃跑。

一位年輕男子因為女友催促而訂婚；他們交往數年，但他還不想定下來。有天他帶著戒指去找女友，兩人一起慶祝訂婚。他離開的時候，把一封寫好的信投進女友的信箱，在信裡他取消了兩人的婚約。

分裂人格者做出這類的舉止一點兒都不奇怪。他們可以是遠方極好的筆友，一旦要進一步交往，卻立刻閃人，並且把自己封閉起來。

前面提及這類的人將情感由性關係中抽離，他的情慾體驗也很孤絕。他對溫柔的前戲一無所知，不懂情慾，只是依著自己的需求找伴侶，然後直接達到目的。親密行為因此變調，令伴侶感到痛苦；他的方式粗暴，使伴侶身體疼痛。隱藏在這些行為背後的，是希望藉此測試伴侶的反應；當他的需求被滿足之後，他希望對方愈快離去愈好。「事後」在他的性行為上代表著「恨不得立刻把對方丟出去」，這正是擔心伴侶向他表露情意的分裂人格者的典型態度。

更棘手的是，分裂人格者根本不相信有人會愛上他，於是把夾雜在愛與恨之間的矛盾轉嫁到伴侶身上。因此他不斷測試對方，想要得到愛的證明，以便緩解自己心中的不信任。再發展下去，極有可能變成精神上或實質上的性虐待，他的行為也愈來愈危險；他輕視、貶低伴侶表現愛意的訊息，疑神疑鬼或者惡意加以曲解。好比說，伴侶忽然濃情蜜意，他的解讀是對方良心不安，有罪惡感，不然就是有什麼目的。（「你到底想要做什麼？」「你是不是想彌補什麼？」）抽象的心理聯想為這類解讀提供了無窮無盡的空間。小說《安靜枕頭》（*Das Ruhekissen*）中，羅塞弗特（Christiane Rochefort）刻畫的就是這樣的一種關係，尤其淋漓盡致的是，讀者看到原本可愛的女主角長期與分裂人格者在一起之後，最後包容力蕩然無存的情節。

分裂人格者也經常用一貫的玩世不恭搗毀伴侶的溫柔，因為這樣對方才不會對他瞭解太深。每當伴侶要向他傾訴時，他便會拿對方的痛處開刀，他的態度、表情或者言語都充滿了諷刺、愚弄：「別拿那種像小狗一樣的無辜眼神看著我」、「你應該知道自己有多可笑」，或者「別再說你多愛我，直接進入主題吧」等等。

這樣一來，伴侶的愛當然會逐漸被摧毀，除非對方的能耐超乎尋常，或出於罪惡感、害怕失去這份愛或別有動機而覺得自己必須容受一切，也或許是被折磨時會得到些許快感。否則，伴侶到最後應該會撤退，開始痛恨起精神分裂的情人，但分裂人格者卻把這視為是一種勝利（「現在你總算露出真面目了」），殊不知是自己讓伴侶變成這樣的。史特林堡（Strindberg）自傳體的小說中有許多這類分裂人格的戰術，文中對患者的生活背景、人格發展的描寫，令人印象深刻。另外，例如《女孩的兒子》（*Der Sohn einer Magd*），柏格（Axel Borg）動人的小說《在開放的海邊》（*Am offenen Meer*），對分裂人格的描繪都很逼真寫實。

冷漠的感情持續發展下去，會走向極端的偏鋒，變得病態，距離強暴及強姦殺人可能僅有一線之隔，特別是當他們將未解的仇恨下意識地投射到伴侶身上，心理學上稱之為「移轉」——源自分裂人格者童年時期未被妥善處理的情感問題。沒有完全融入人格、解離的本能衝動最為危險，若再加上無法同理別人與情感的萎縮，我們就不難想像各種性犯罪的發生。

分裂人格者不易與別人建立親密的關係，要找個伴也很困難，只好獨來獨往，當自己的朋友，滿足自己的需求。不然就是尋找替代品，譬如崇拜偶像。但這麼做還是無法幫助他培養愛人的能力，因為他的愛仍然殘缺，也難以表白。

分裂人格者的性發展往往不脫稚氣，即使個性截然不同的人也一樣。有時候他們傾向把未臻成熟的小孩或青少年當成性伴侶，認為這樣可以減少心中的恐懼，並且擁有如孩子般的信賴關係。

愛和想要付出的欲望一再被壓抑，有的時候會轉化為無以復加的妒意，甚至嫉妒到要發狂。他察覺到自己的行為有多麼不可愛，而缺乏愛人的能力也很難留住喜歡的人。因此他看到黑影就開槍，每個人都像是他的對手，他以為這些對手比他高明，也比他值得愛；這麼想通常不無道理。伴侶沒有惡意、很自然的舉動，都會引起他的高度戒備與追根究柢，堅稱對方心懷不軌。他愈是胡思亂想，兩人關係就變得愈糟，終歸破裂。當他沉溺於摧毀兩人的關係時，他自己其實也很痛苦，但他別無選擇。他的動機大致如此：如果我不再被人所愛，寧可摧毀這段關係，雖然這會令我痛苦不堪，但至少我是行動者，而非坐以待斃。如此一來，不難理解為什麼正當他希望愛與被愛的時候，表現出來的卻一點兒都不可愛。與其傾力追求心上人然後被拋棄，他寧願選擇讓愛人漸漸遠離。小心翼翼不讓自己失望，這對分裂人格者而言很平常，他們大都會下意識地觀察、考驗伴侶：如果我這個樣子他還是愛我，那才是真正的愛。他們心力交瘁，只為了證明自己值得人愛。極端的猜忌和吃醋會導向犯罪：如果他不愛我，也不可以去愛別人。

對這樣的人來說，害怕交出自己往往是以害怕承諾的形式來表現。與生俱來的愛人的渴望在不斷壓抑下被堵塞了，擴大了恐懼，以至於他想像承諾就是完全交出自己、放棄自我，陷入親密的深淵。於是他會將伴侶給妖魔化，這又反過來加深他的恐懼，由此我們更加明白分裂人格者一些莫名其妙的舉止，尤其是當他們感受到親密關係所帶來的威脅時，瞬間升起的怒氣；殊不知一切皆是他們自己的心理投射。

分裂人格者很難投入長遠的關係，比較傾向短而濃烈、不斷交替的關係。婚姻對他而言，是一種不完美的人類制度，難怪他一旦不滿意，理所當然要離婚。他認為長期的關係中免不了有背叛的時候；他堅持擁有自由，但理論多於實際，他無意給伴侶和他一樣的自由。通常他是婚姻理論家、改革家，至少他勇於挑戰習俗與傳統，捍衛自己的生活方式，按照自己的意思過日子。說起來，他比任何人都誠實，並且有勇氣堅持自己的信念。

有時候這樣的人也能擁有長期的關係，只是避免形諸於法，寧可同居而不婚。童年時期與母親的關係不好，或者對母親感到失望的分裂人格者，會喜歡與年紀較大、比較有母性的女人交往；童年時渴念但得不到的，可以在這樣的伴侶身上獲得補償。這樣的女性有時能給他溫暖和安全感，要求又不多，是上天賜予的禮物，完全理解他，他無法給予的東西她絕不強求，因而緊緊繫住他的心。只有童年受創很深的人，才會對女性產生強烈的恨意，常伴隨著復仇的衝動。若具有分裂人格的男性早年的生活讓他不信任女性，覺得女性很危險，他會傾向於喜歡同性，或者找一個具有男子氣概的女性，或對他而言「完全不同」的女伴，譬如說非常柔媚的女人。這樣的關係有若手足、同學，建立在共同的興趣上，而非源於異性的性吸引力。在婚姻中，他覺得最難的是忍受持續的親密，所以他認為夫妻當然要分房睡，另一半如果不希望激起他的反抗或走向離異的話，必須瞭解這一點。

總而言之，分裂人格者很難發展出愛人的能力。他的自由和獨立若受到威脅，對什麼都異常敏感；他的情感表達十分淡薄，如果伴侶對他的愛不那麼強烈，同時又給他一個家以及安全感，他會非常感謝。願意瞭解他的人，可以贏得他的好感，只不過他不善於表露也不一定會承認。

分裂人格的侵略性

接著我們要談侵略性，我使用「侵略」（Aggression）一詞而非「憎惡」（Hass）；侵略是最常被用來表示憎惡行動的語言，又可以清楚描繪出與憎惡不同的現象。恐懼與侵略性密不可分，憎惡與恐懼會引發侵略的行為。在早期的成長階段，憎惡是恐懼的一種原始形式。當時我們還小，不懂得處理自己的情緒，也不諳克服恐懼的能力，只能無助的屈服在害怕與討厭的感受之下。童年的經驗，如挨餓、受凍、疼痛；生活規律以及生活空間遭到侵擾；知覺器官負荷超載，行動自由受到限制；自我的存在被過多的親密感給壓垮或干涉；寂寞……這一切都會使孩子感到絕望，引發恐懼。在這個時期，恐懼是最強烈的不快感受，孩子碰到這種情況時，常分不清恐懼和憤怒；而激起恐懼和厭惡的，也會激起怒氣和侵略性。

一個孩子要用什麼方式克服恐懼，抵消心中的不快呢？一開始是無助的發脾氣，大吼大叫、腳踢來踢去、亂打一通，訴諸機械式的宣洩和爆發。幼童的意識裡還沒有你、我的分別，表達憤怒時也就沒有特定的對象，只是發洩自己的不滿，討厭所處的境況，抗議自己的身體受到侵犯。在此我們可以提一下侵略性的古老形式：它通常是強勁的、無意識的、未加抑制的，而且沒有指向特定對象，因此不會考慮到別人，也不會感到歉疚——為別人設想與罪惡感就涉及了人際連結。

這種原始的怒氣強烈無比，因為孩子徬徨無助，覺得受到脅迫，存在受到莫大的危害。他覺得生氣又惱火，他心中「全是怒氣」或「全是恐懼」，因此只想要把它發洩出來，擺脫它。他會縮回自己的保護殼裡，抵拒整個世界，或者如上所述爆發出來。這是對恐懼和憎惡的兩種原始反應，其他的生命形式也是如此反應：面對危險，要不就逃避、退縮、裝死，要不就選擇正面迎戰與攻擊。

倘若分裂人格者始終無法建立情感連結，他們會持續體驗到不安全感，覺得沒有保障、被遺棄、受威脅，並且感受到危及他們存在的真正的或想像的攻擊與脅迫。而他們對此的反應與上述的原始反應如出一轍：立即做出侵略性的舉動，只為擺脫心中的恐懼或觸發恐懼的事物，也就是所謂的「不吐不快」；這是一種生存導向的舉動。

一個缺少情感連結，覺得自己的存在飽受脅迫的分裂人格者，若突然間發起火來，不難想像有多危險。他不再是原來的那個人，如同通訊中斷，與原先的人格失去連結。他被強大且無情的衝動給沖昏頭。以性為例，他的行為展現出攻擊性與衝動性，情感被抽離，只剩下生理慾望，無從融入一體的感情世界裡。缺少同理心的他，是不可能在這種殘酷情形中緊急煞車的。他那無法壓抑的怒火只是在宣洩內心的分崩離析，事後也不會有任何的罪惡感。由於缺乏人際交流的經驗，他無法想像自己的行為會對別人造成什麼影響，他認為自己「只不過」是發洩一下，別人的感受他毫不在乎。他們不知道自己苛刻、傷人又粗暴。有一篇關於一位青少年殺了一個小男孩的報導，當被問起殺人的動機時，青少年聳聳肩說，其實沒啥特別的理由，他只是覺得那個男孩有點兒煩。一個孤單、自外於集體經驗的人，無來由或因為一點小事就爆發的攻擊性，是很危險的。這樣的攻擊性可能毫無脈絡，以各種可以想像的極端形式呈現，尤其是加上性慾望。《巴曲的自畫像》（*Selbstporträt des Jürgen Bartsch*）中有聳人聽聞的例證。

美國心理學家辛載（Kinzel）研究發現，最暴力的監獄受刑人，其自我保護圈是不具攻擊性的受刑人的兩倍之多。這些具有攻擊性的罪犯——我們可將之歸類在分裂人格——對於這種想像且看不見的保護界線一旦被跨越，就會立刻做出狂暴的攻擊。有一位病人曾經生動描述了分裂人格者的這種生存導向的世界：「誰侵犯我的空間，我就仇視他。」這讓我們想起《假想敵》（*Das sogenannte Böse*）中，作者羅倫茲（Konrad Lorenz）所描寫的動物，當牠們的勢力範圍被侵犯時，會立刻撲上去反擊。

分裂人格者的人際不安全感、缺乏承諾，以及由此而生的不信任感，導致他把別人的靠近視為一種威脅，而他一開始的反應是恐懼，接著很快轉為攻擊。明白他們的基本態度後，令人費解的舉止也就有了答案。不經修飾、抽離自己、分裂的攻擊性可以到達某種暴力程度，讓他像驅走惱人的蟲子一樣把對方給擺脫掉。在這種情況下，種種分裂的驅力會讓攻擊性變得更加危險，導致反社會或犯罪的行為。

即使不看這些較極端的例子，對分裂人格者而言，控制怒氣與攻擊性從來不是件容易的事。通常他們不需要忍耐什麼，受苦的是他們周遭的人事物。原本只是要排解恐懼的情緒，到了他們那兒就變成了樂趣無窮的攻擊行為，為了自己，所有殘忍可怕的手段都派得上用場。性虐待、粗暴、尖酸刻薄、極度冷漠、不可親近、玩世不恭、翻臉比翻書還快、拒人於千里之外。他們缺少行為的中間色調，也就是控制得宜、有技巧的、適當的怒氣表達；然而，就他們的角度而言，他們倒認為自己的行為合情合理。

除了抵抗和防禦，分裂人格者的攻擊性還有另一種功能。他藉著展開攻擊，因此與人有了接觸，這似乎是他唯一的橋樑。攻擊是他爭取某樣東西的方式，與青春期笨拙地追求異性的情況差不多。他們的恐懼裡夾雜著渴望，把青澀的溫柔情意藏起來，變成粗暴的攻擊行為；他害怕自己出糗，所以隨時準備撤退；遭到拒絕或擔心被拒時，原來的好感頃刻轉為反感。

分裂人格者的朋友得注意了，他們的攻擊行為也有可能是一種追求和爭取。他們易怒，拙於表達情意與正面的感受。因為人際交流不足，他們對於與人接觸顯得很不安。根據從事心理治療的經驗，如果我們給他們足夠的時間，慢慢地把心底的溝渠填平，他們會有認知自己憤怒情緒的能力，從而學習如何與人相處。

環境因素

是什麼樣的原因造成分裂人格者害怕付出，誓死捍衛「自轉」的生活方式，以便保護自己？

這樣的人原本就多愁善感、脆弱且容易受傷。他刻意與周遭保持距離，別人的身體或心靈太靠近他，會引發他如雷達般的警覺，隨之而來的情感登堂入室，則讓他覺得「太吵了」。距離之於他有絕對的必要，這樣他才能身處其中並且活下去。距離給他安全感，覺得受到保護，別人不得其門而入，不會一下子就闖進來。他就像一座太敏感的系統，所以必須設定界線，關起一兩扇窗，免得被外來的刺激給壓垮。

另一個可能是，他生來即有一種特別強烈的自大、攻擊的本能，也缺乏承諾與付出的能力與傾向。別人眼中的他，當然顯得既麻煩又不受歡迎。與這樣的人來往，我們常覺得不受重視，老是被斥責，無法獲得肯定也不被接受，最後只好退出。這就是分裂人格者典型的特徵。

我們也必須注意在此並未提及的身體或其他性格特徵，它們仍屬於生理結構的一環，且能夠更加清楚顯示環境是一種引發因子。這些特徵導致孩子從一開始就讓父母感到失望，尤其是母親。而問題可能來自於孩子不是父母預期中的性別，或者孩子的其他身體狀況讓做母親的無法給予孩子所需要的愛與關懷，不在計畫中誕生的孩子也落入這個範疇。

環境是形成分裂人格的關鍵；儘管個人對環境的反應往往比天生的傾向必須負起更大的責任。為了進一步瞭解，我們必須看看嬰兒誕生之後，以及生命初始的幾個星期中的情況。

不同於其他動物，人類的嬰兒出生後，有很長一段時間無法自力更生，所以極其依賴四周的人與環境。波特曼（Adolf Portmann）因此說人類都是早產兒。為了讓一個小孩好好長大，必須有人照顧他，而這個小小世界必須是他所能接受的，讓他漸漸產生信賴感，並且根據他的年齡滿足他存活的各種需求。幼兒需要的是一種被保護、安全、安心的氣氛，成長的條件才會在他身上生根。小孩若是少了這種需求理所當然會被滿足的「天堂樂園」一般的感覺，他就無從培養信心，往後當他要對生命有所付出時，就會有被吞噬的恐懼。

奇怪的是，有很長一段時間我們對小孩生長的必備條件所知太少，常低估他們的個別差異以及行為能力，也忽視外在影響對他們產生的作用。瑞士小兒科醫師史汀尼曼（Stirnimann）針對新生兒所做的實驗令人印象深刻，他的著作《新生兒心理學》（*Psychologie des neugeborenen Kindes*）有幾段相關的敘述：「還算嚴謹編寫的書中……認為六週大的嬰兒根本對疼痛沒有感覺……實則不然。在一個謹慎進行的實驗中，我注意到嬰兒出生幾天後，接受第二次預防注射，才在消毒時他就開始哭了。」關於記憶：「……出生前的記憶會被保留下來。夜班護士發現，家裡開店的嬰兒一直到半夜還清醒著，不哭也不鬧；而麵包師傅的小孩常在凌晨兩三點就顯得騷動不安。母親白天幹的活兒、晚上幾點休息，嬰兒早在出生前就習慣了這樣的規律。」

還有很多可以研究的內容。從史汀尼曼的觀察可以明白，我們太疏忽新生兒的敏感、知覺以及情感，以為照顧他、給他食物、為他清潔等等，對新生兒來說應該已經足夠。藉由對童年生活的詳細研究，尤其是弗洛伊德及其弟子所做的心理分析，加上行為研究，我們得到了全新的觀點。感謝這些專家，我們才曉得嬰兒甫出生的幾個星期中所得到的印象及經驗有多麼重要。

一八一〇年，歌德與柯內博（Knebel）談話時曾經提及：「有一件事我們做得很糟，就是對最初始的教育滿不在乎。殊不知這對小孩的個性以及將來成年後的生活，有重大的影響。」多年來我們任由諸如此類的高見被晾在一旁，卻沒有深入探討。

今日我們知道，嬰兒除了不可或缺的各種照顧之外，他也需要溫暖、關愛、適當的刺激，以及平靜穩定的成長環境，這樣他才能夠自信、有活力、有責任感。其中最重要的，是要給嬰兒足夠的身體接觸，讓他感受到溫暖的情感。

相反的，若是嬰兒一開始體驗到的世界讓他害怕不安又受到侵擾，他會畏縮、氣餒。太早以及過於強大的不信任的經驗，將使得孩子無法信心滿滿的迎向世界。倘若嬰兒經常被長時間拋下，或者刺激太強或印象過於繁雜，就可能形成分裂人格；他與世界的關係受損，只好退回自己的殼裡。

史畢茲（René Spitz）以在育幼院長大的小孩為實驗對象，他們一出生就與母親長期分離，或者很早就經歷到母親的離去。即使平均一位保母照顧十個孩子的育幼院提供最營養的食物、無可挑剔的衛生環境，孩子成長過程中仍然留下了難以彌補的創傷。被冷落或被太多刺激給嚇壞了的孩子，或許晚熟、單向發展、表現落後，或許有著與年齡不成比例的早熟，因為他們的生長條件不是太過就是不足，因而出現了幼齡孩子不該有的恐懼。

不被愛或者不是父母預期中的孩子，特別容易形成分裂人格；有的孩子因生病長期住院或失去母親，也是如此。其他情況還包括：母親不愛或不在乎小孩；母親太年輕，個性未臻成熟；母親沒時間，把孩子交給冷漠的人照管的「金絲雀小孩」；母親生產後很快去上班，小孩長時間獨處，無法獲得該有的關愛。

嬰兒時期缺乏愛與關懷，是形成分裂人格的一個主因；同樣的，過多的刺激，譬如母親不給嬰兒該有的平靜安穩、不知道孩子究竟需要什麼，則是另一個主因。這麼說好像太過籠統，我們應該進一步釐清。一個剛出生的嬰兒，四周環境應該很堅固穩定，讓他無憂無慮，逐漸發展出信賴；熟悉是信任的基礎。因此，假如照顧他的人經常換面孔、環境變化頻仍、感覺器官應接不暇各種刺激，他將無法一一吸收，例如收音機或電視機不斷發出的噪音、睡眠時光線太亮、過多奔波的旅行等等。如此不平靜的環境會侵犯到嬰兒對安靜以及獨處的需求；做母親的不停和孩子玩，抱著他到處走，不給小孩有建立自己規律的機會，也會把嬰兒嚇得縮回去，焦躁又不安。

另一種情形則是，孩子的器官尚未發育完整，就苛求他達到某些目標，也會形成分裂人格。還沒學會處理自己問題的小孩，不得不周旋於難搞或不成熟的大人之間，於是很早就學會察言觀色以便備戰，或者避免讓災難降臨到自己身上。確實，常可見到孩子因為沒有依靠，只好把父母的責任攬過來，扮演起自己的父母。對小孩而言，這樣的負擔當然是無可言喻的沉重。他還來不及發展自我，父母的角色就被強加到他身上，他必須瞭解成人的世界，他還是個小孩子卻得處處設想、斡旋、理解並權衡情勢。他為別人而活，而不是為自己而活。如此一來，不僅他的童年被偷走了，他的自我也沒有獲得良好的發展，屬於生命基礎的安全感因此殘缺不全。

我們活在世上都盡量不讓自己受到傷害，一如格齊菲（Siegfried）在龍血★中沐浴，為的是不讓世人識破他的弱點。然而，人的脆弱無法全部被遮掩。怎麼樣可以讓自己不受傷呢？保持情感冷漠是其一；頭戴魔帽隱姓埋名亦若是。他面無表情教人看不透，別人永遠無法得知他是什麼樣的人。至於那些擺脫不掉的情感，他培養出一種能耐：用意識來操控、分配劑量。心有所感時，學著在頭腦清楚的情況下，讓情感注入或消退，無論如何不讓情感自由自在的流露，因為情感是危險的。一位朋友對年輕女病患說，她父母抱怨女兒對他們冷酷又充滿敵意，

★譯按：龍血為肥沃和力量的象徵。

這位女病患想了一會兒之後說：「好吧，我收回我的恨意。」結果是她與父母的關係變得更加疏離、更沒有連結。

附帶說明一點，成人的感官印象也有極限；有些國家在審問犯人時，會持續製造噪音，或運用刺眼的燈光，以便耗損犯人的意志；長期的孤寂以及不見光明也有相似的效果。當然，嬰兒的忍耐限度要小得多。

還有一點同樣重要，就是小寶寶是喝母奶，還是喝牛奶。母親按時來到嬰兒身邊，一起享受餵母奶的親密感，不僅讓嬰兒逐漸認識這個無條件滿足他需求的人，同時也讓他興起為人的第一個希望之光，心中充滿感激和愛。而在瓶餵的情況下，若由不一樣的人餵嬰兒喝奶，每個人對待嬰兒的方式不盡相同，會使得初始的情感發展有些困難。這樣的學習過程太複雜，和母親親餵的孩子不一樣，因為他不只要和一個人建立親密關係。我們已經知道分裂人格之所以形成，缺乏人際連結是關鍵，那麼母親與嬰兒之間若少了一分親密，也會是重要因素。

所有這些失調與創傷，都會讓孩子從一開始就抗拒這個世界、保護自己，或者對這個世界感到失望。如果他在外面世界找不到足夠的依靠，他就會縮回去，當自己的夥伴，以至於別人難以靠近。倘若後來他依舊缺乏正面的經歷，上述的鴻溝就會造成他傾向孤立與自我中心。

以上簡述影響分裂人格的環境因子。以在戰爭下長大的孩子為例，他們遭遇了上面提及的許多環境因素（甫出生便面臨時局動盪，夜間轟炸、悲慘的難民命運、與家人分離、失去家園等等），這樣的世代很容易形成分裂人格：逃避家庭連結；寧願選擇加入大團體以及大型活動，有團體的歸屬感又不必與人密切來往；與異性的關係無法長久也屬之。當這樣的孩子進入青春期，往往會出現行為問題。現代藝術中的某些特色被稱為「失去中心」，正可以反映出分裂人格者的藝術表達既懾人又常顯得格格不入。弗爾麥斯特（Fuhrmeister）和威森赫特（Wiesenhütter）合撰的書《新音樂》（*Metamusik*）中有此一說，演奏前衛音樂的樂團，表演後偶爾會感到不舒服。

西方文明的整個大環境也會帶來分裂的影響：我們覺得這個世界愈來愈不安全；儘管生活舒適，但我們覺得危機四伏；大量且無所遁逃的刺激讓我們的情感脆弱不堪；各種戰爭的可能性，以及知道我們人類可以毀滅自己；科技與自然科學的發展，使得生物發展無遠弗屆，讓我們覺得存在備受威脅，就像人格分裂者所感受到的存在威脅。對此，我們的對策也愈來愈多，不少人練習瑜珈、冥想。

為了尋回內心的平靜，有人走上用藥與吸毒；嬉皮與逃避現實社會的人刻意拒絕高科技與文明，因為科技文明的目的日益讓人懷疑。想要戰勝自然、研發超越時空的技術、更好的生活條件，在在都帶來存在的威脅，讓我們的情感本質萎縮。這一切確實意味著西方文明的人格分裂過程。

嬰兒時期缺少應有的安全感，加上不利的環境因素，是分裂人格的一個等式。至於出生前在母親體內的環境是否有影響，則少有人加以研究；即使有，恐怕也會落入揣測。史汀尼曼在他的書中寫道，有辦法可以證明胎兒有聽覺：讓一位孕婦站在檢測儀器前面，然後按下喇叭聲，可以看出胎兒會縮成一團。也有可能，母親會把自己的不安感受傳遞給腹中的胎兒；相較於愛與歡愉，如果她是滿心不情願、敵視、拒絕，甚至懷著怨恨，肚裡的胎兒都會感受得到。

分裂人格的故事

一位才華洋溢但個性倔強、不太與人來往的音樂家，過著幾乎三餐不繼的生活。一位朋友幫他介紹了一個待遇不錯又符合他興趣的差事，可以說是幫了他一個大忙。他答應接下這份工作，但到了該到職的那天，他沒有去上班也沒有請假，因此丟了差事。他對自己說，那位朋友不過是要向他炫耀自己的本事罷了，以便親眼看到他慘兮兮的模樣，天知道對方說不定是同性戀呢？

他不接受這個可以改善他生活的工作，害怕會因此變得依賴，欠朋友一分情。這都是他自己的解讀，強加莫名其妙的動機到朋友身上。他的行為的確令人不解，隱藏其中的想法卻是要考驗對方：如果他真心想幫我，我這麼做絕對嚇不倒他；如果我這德行他還是肯拉我一把的話，表示我對他真的很重要。

從這裡我們看得出來，這樣的人想要從這種惡性循環中掙扎而出，與別人建立新的關係，實在難上加難。要怎麼做才能讓他相信別人是真心真意的？反過來說，誰能夠一直忍受他的古怪，甚至願意去瞭解他的行為背後的原因？

這位音樂家的情形更是複雜，因為他極度希望不論自己做什麼，朋友還是可以繼續關心他；但他又認為朋友一定會拋下他。關於前者，他其實必須修正自己對別人的看法，要相信自己如此渴望想要得到的東西。至於後者，這樣的想法只會強化他覺得人皆不可信的態度，繼續在他英雄式的孤寂中備嘗辛酸，更加蔑視別人，而這對他來說比較自在。

他經常換不同的女友，只因為討厭這個人的穿著、不喜歡那個人的腿，或覺得對方學識不足，就把人家給甩了。他把對承諾的恐懼合理化，保護自己不要愛上誰，畢竟愛上一個人對他來說等於接二連三的危險。我們對他僅有的背景認識是，他是非婚生子女，小時候被不同的親戚收留，一直覺得自己是個累贅。

第二個這種人格的例子：

一位中年男子一直覺得自己像個局外人，他深受這種感覺所折磨。他感受不到真正的歸屬感，認為別人不是拒絕他，就是用嘲諷批判的眼光看他。這讓他十分痛苦，他因此惶惶終日，職場上也屢嘗敗績，因為他是同事眼中的怪胎，「很難相處」。他落入惡性循環中，他的行為反應只是更加證明了他的不好相處。他常常莫名所以就頂撞上司，說一些難聽的話，沒來由的嘲笑挖苦同事，穿著和生活方式都引人側目，以至於眾人對他敬而遠之，不想跟他有任何瓜葛。

由於他和別人的距離愈來愈遠也日漸孤立，他不只把自己內心的想法投射於外在世界，相對的外在環境也對他的內心造成影響。於是他愈來愈像一隻不合群的黑羊；他活在這種氛圍中，同時製造這種氛圍。沒有人真正認識他，同事只覺得他怪裡怪氣，並不想瞭解他拒人於千里之外的原因。不消多時，關於他的謠言就滿天飛，說他大概「不太正常」，可能性生活不美滿，或許政治上不正確等等。簡言之，他有問題，雖然誰也不清楚哪裡有問題、為什麼有問題。同事們不知道這些問題只是反映出他內心未解的問題。沒有人會對他打開天窗說亮話，他隱約覺得同事逐漸躲著他，四周都是一雙雙懷疑的眼睛，一看見他就彼此使眼色，他不知道他們究竟在幹什麼。總之，情況就這麼惡性循環下去，問題無解。

我想多談一談這位男士的成長背景，看看分裂人格如何在他身上萌芽，讓他長大後在社交與人際往來上都困難重重，而他完全不曉得問題的源頭，只覺得難以理解，且是命中注定。

他的成長環境很不一樣。父親是名旅遊作家，在他這個獨生子還年幼的時候就享譽文壇。父親收入豐厚，因此生活豪奢、夜夜笙歌。母親沉醉在交際和錦衣玉食中，沒有時間照顧孩子；說穿了，就是缺乏母愛。所以他從小就由女僕照料，後來換成一位黑人男僕。在他記憶中，兩個保母對他不算太壞。

他五歲的時候父母離婚，而在此之前他們就聚少離多，雙方都認為這樣的婚姻關係很時髦，各自擁有自由、豔遇不斷。父母離婚後他跟父親住，剛開始他只被告知母親「要離開一段時間」，然後就沒有下文了。沒多久母親回來了。他則是很久以後才知道，母親因精神疾病住院兩年。由此可以推測，他母親之前的精神狀況也不會太好。離婚後，他父親很快就與母親的妹妹結婚，這是他的第三次婚姻。繼母對他的母親懷恨在心，因為這位姊姊從小比她得寵。在他十五歲的時候，繼母自殺，父親於是結第四次婚。

他就在這樣的環境下長大，始終覺得自己像個備胎，沒有人真正關心他。他從小就認為自己礙事、多餘、不受歡迎。這些感受後來又被環境給強化了：他父親的房子位於城外與世隔絕的山丘上，附近沒有幾戶人家，所以他找不到玩伴。父親特立獨行、貪杯、作息日夜顛倒，為了不受干擾只在夜裡寫稿，白天則用來睡覺；他還經常在外旅行，一出門就好幾個星期，兒子很難看得到他。這個父親不在乎世俗框架，認為那是專為笨蛋和軟弱的人而設的。

到了就學年齡他沒去上學，而是請家教到家中上課，家教換了一個又一個，一直到十歲的時候他才正式入學。此時，他的社交困難首次浮現，但根據他的生活經驗，這並不讓人太驚訝。他進入學校之前，的確沒有與同年齡的孩子來往的經驗，也從未參加過社團。在課堂上，他為自己安排好要飾演的角色，把自己隱藏其中。有時候他會故意顯得滑稽突梯，逗得同學哈哈大笑，讓他覺得自己受歡迎。後來他變成我們所說的小流氓，為了贏得同儕的認同，他嘲笑一切、捉弄老師，對警告和處罰都漠然以對，還逃學。父親對他的行徑只覺得有趣，他甚且因此贏得父親的贊同；做父親的很高興看到兒子和他一樣不對集體規則低頭。

儘管他渴望友誼，但從未得到過，因為別人只覺得他有趣，但終歸是個古怪的局外人。他極有天分又聰明，同學雖然認同這一點，卻不願與他做朋友。

他稱自己十二歲時的發育期是「大病一場」：他變得又瘦又高、蒼白、體弱多病，繼母於是退掉了他的體操課，禁止他從事任何運動，「因為你心臟不好，而且你長得太快了。」後果之一是他從不覺得自己有健康的身體，身體彷彿不屬於他，顯得侷促又笨拙，他因此更難與別人親近或進行良性競爭。

繼母拖著他到處求醫，掩藏在過度保護後面的是厭惡和反感。他必須長時間臥床，雖然沒檢查出什麼毛病。醫師配合演出，最後成功證實他得了慢性肺結核。從此他有兩年的時間得待在房間裡，甚至不准下床。這段時間他大量閱讀，不加選擇，父親藏書豐富，能到手的他都看。有一次治療時他很貼切地形容自己：「我的情感比我的智力少了十歲。」這是分裂人格者常見的現象。「我不知道自己是同性戀還是異性戀。」他不甚確定自己的性傾向。

十四歲時他重返學校，嘗試與同學交往的成果不比第一次好。他孤單留在家中的那兩年正值青春期，與同學相比，他的經歷是那麼不同。他在幻想中度日，沒有朋友，想當然耳，這又把他打回自己的世界裡，連與人交談都成問題。他再一次成為別人眼中的怪胎，畢竟他加入的班級裡同學之間已相處了兩年。

有一次做未來生涯的問卷調查時，這位十五歲的少年填寫的志願是「專職菸槍」。人們對他裝酷的行為覺得惱怒，沒有人注意到他語帶嘲弄的背後其實迫切需要幫助，他的行為已經在對周遭環境發出警訊。到了大學時代，他加入一個決鬥性的社團，總歸是一種新的嘗試，因為他希望有所歸屬，希望與同齡的人較勁，讓自己更有男子氣概。基於同樣的理由他後來選擇從軍，但仍然是軍隊中的異類，常因四體不勤成為袍澤譏笑的對象。

退役後他繼續大學課業，修習歷史、語言和文學。畢業後他又修教育學分，成為一位學有專精的獨行俠，只活在藏書世界裡。學生敬佩他淵博的學問，因而不追究他的缺點。他二十四歲那年結婚，說得更確切一點：他被安排了一樁婚事。不久妻子就抱怨他喜歡書本和研究勝過喜歡她，他困惑不解，認為自己已經盡最大所能去愛她。他也頗為失望，因為妻子對他的精神領域及嗜好不怎麼感興趣。結婚不久，這對夫婦很快就相互背叛，他有了同性戀情，事後又懊悔無比，出現了被害妄想症的反應，於是開始了心理治療。

這裡敘述的故事蘊含一些形成分裂人格的典型成長背景：人際關係疏離、不被關心與在乎、幼年時期的照顧者迭遭更替、缺少親密的身體接觸、孩時的需求被忽視、成長的關鍵階段欠缺指導、孤單獨處、與同年齡的人少有互動、缺少團體的歸屬感、情感和信任感都沒有獲得良好的發展。這些都造成他與人交往時的障礙，並非別人的反應讓他覺得自己像個局外人，而是因為他缺乏技巧，只好一再縮回自己的保護殼裡。

我們因此可以明白，在這樣的基礎上會發展出一種基本的恐懼形式：害怕付出與親密感。這使得他傾向自我保護，而自給自足顯然是唯一可行的辦法。不妨這麼說，分裂人格者不得不培養出一套方法以提升自己的寂寞的價值；再往下走，極端的例子就會變得自戀，對任何人、任何事都抱持敵意，瞧不起人、玩世不恭、對什麼都感到懷疑。沒有人注意到隱藏在這些現象背後的恐懼。事實上，他對親密、信任、愛與被愛無限嚮往。我們可以想像，這樣的個性很容易發展成反社會人格或犯罪，只要一點引信出現，一觸即發。這樣的人擔心被拒絕，他所表現出來的行為都是對所經驗到的環境的反應。

再舉一個簡短的例子，當事人以自述的方式生動地呈現了想要以理性思考取代缺乏情感交流。有位分裂人格的患者說道：「我總是有種感覺，別人直接的情感反應，對我來說很快變成一連串的切換過程。」

這段話描繪得很好，點出分裂人格者以理智的反應、如雷達般的感官知覺與思考過程，來取代不甚成熟的情感能力；也就是所謂切換的過程。

難以解決的沉重負擔和衝突一一反應在身體上，所有的感覺器官，如皮膚以及呼吸器官都出了毛病，氣喘、濕疹都算，有些毛病很小的時候就開始出現。皮膚是我們與外界接觸、同時也是與外在隔絕的器官，而分裂人格者的皮膚問題尤其多，例如循環障礙、乾癬症或多汗症等等。

補充說明

再一次強調：分裂人格者的情緒感受、情感驅力、情感反應的整個經驗脈絡都受到不同程度的干擾與破壞。他的生命動力與情感經驗脫鉤。換句話說，他的各種經驗與人格並未成功地融合。尤其是理解與感受、理性與感性之間的差距；情感的過程與理智的經驗不在同一個軌道上，也無法相融為一體。他從很小開始就靠著理智與感官做為行為的準則，沒有豐富的情感導引可資借鏡，體察不出細微精妙的情感，以至於他只認得原初模式的感覺，以及內心的激動與衝動；他表情達意的調色盤上一直都缺少中間色調，可以運用的唯有黑白兩色。這一切皆起因於缺乏與別人的情感互動。

為了避免因親密感而產生的恐懼，他盡量讓自己保持獨立。這種傾向讓他不假外求，他繞著自己打轉，不讓別人有靠近的機會，因此很容易變得自我中心，於是落得更加孤立。我們知道，寂寞與孤獨壯大了恐懼的聲勢，所以他體會到的恐懼遠遠超過一般人；恐懼扭曲變形，到了他無法承受的程度。再一次，他覺得自己與其他人不同，而這個世界是缺乏安全感的地方。有一位病患曾說：「恐懼是我唯一知道的事。」他無法具體描述他的恐懼，或指出一個特定的恐懼對象，他所感受到的恐懼是全面的。另一位病人說：「我不曉得什麼叫恐懼，我身上某個地方大概有個叫做恐懼的東西，但它並不屬於我。」他把自己從他的恐懼情緒中抽離了，但我們可以想像這樣的處境何其脆弱，自我很容易就會被恐懼感給淹沒了。

能夠把心中的懼怕說出來，就是某種程度的解脫。然而，因為害怕交出自己，害怕展現自己的弱點會被別人當作是瘋子，於是他永遠不敢說，恐懼逐漸累積，終至他難以承受的地步。接著，恐懼潰堤，演變為精神異常，一發不可收拾。他喪失理性，扭曲評估事物的標準，活在一個不真實的世界裡，他以為自己很健康，別人才病態——有時候其實不無道理。他把恐懼轉換成外在世界的某樣東西，如此他可以比較容易迴避、抗拒或加以消滅；但藏在內心的恐懼卻讓他舉手投降。

隨著分裂人格者的自閉症狀愈來愈嚴重，他對這個世界及周遭的人愈來愈沒興趣。這個過程稱為「客體的喪失」，對這樣的患者來說，感覺彷彿世界末日。換句話說，他對世界的參與和感情逐漸淡薄，世界之於他變得了無生趣，「快結束了」，空無一物，即將被毀滅。人格分裂者常敘述類似的夢境：

我置身於一個自動旋轉的盤子上，盤子著了魔似的愈轉愈快，我愈來愈站不穩，滑向邊緣，時時刻刻都可能被拋出去。

或者，

廣大的沙漠上有一座水泥堡壘，牆上有一些小小的射口；堡壘有重兵武裝，並且貯存了好幾年的食物。而我一個人住在裡面。

這裡提到的寂寞、保護措施、防禦恐懼以及自給自足之必要，維妙維肖。這樣的夢最能貼切地表達分裂人格者在世間的處境。有悲慘的童年、很早就四處飄泊賺錢的高爾基（Maxim Gorki）也有類似的體驗，他向托爾斯泰敘述自己做過一個夢，夢中他看到有幾雙皮靴在俄國無止境的冬日街頭上行進著——只看到皮靴。還有什麼比這個更能表現寂寞？

遠離塵世，退縮到自己的天地，他在驚恐中逐漸被世界遺忘，終至一無所有，一片空茫，和那個停不下來的轉盤的夢境一樣。分裂人格者常用大災難，譬如世界末日之類的想像與夢境，來表達心中的恐懼。他愈是想守住自己，與世界就愈脫節得厲害，到最後他會認為只剩下自己踽踽獨行。

讓我們再看一些因為害怕親密而不得不過著「自轉」生活的例子。不信任別人、時時保持警覺，於是日漸落入病態，套一句日常用語，他們甚至聽得到「小草生長」以及「跳蚤咳嗽」的聲音。換句話說，他們以為自己嗅得出四周潛伏的危險，能夠透視平靜的表面背後所隱藏的不良動機。

有一回我在診所裡掛了一幅畫，一位分裂人格的病患馬上認為我這麼做是針對他，是為了測試他有沒有注意到這個改變。這種凡事都對號入座的例子同時告訴我們，當旁人尚且渾然不覺的時候，分裂人格者對環境中芝麻綠豆的變化卻無比敏銳。他們以感官知覺來定位，因此對任何事都非常敏感。又有一次，這位病人看診的時候電話響了又響，他以為這些來電是我設計好的，以便測試他對這個干擾的反應。

如果一個人對外界發生的大小事情通通對號入座，而一般正常人根本不會這麼想，於是他解讀別人的一言一行既不合情也不合理，並且逐漸陷入自成一套的妄想系統，再也無法修正。在這樣的情況下，對他而言，他遇到的任何人或任何事都不是巧合，每件事都和他有關，其中必定有什麼特殊的含意是他必須努力去找出來的。

他備感煎熬，痛苦不安，再也不能自在快活地過日子，時時刻刻都在問自己「怎麼了」，隨時準備應付突發的意外與危險。他伸展觸角時高度戒備，猶如蝸牛探觸世界，一旦有人靠近一些，他立刻縮回殼中。

一名在職場上跌跌撞撞的年輕人，陷入失敗的妄想情緒中。他很希望自己能夠步步高陞，但又缺乏自信。家人並不支持他，說他「自以為是」、做著「春秋大夢」，認為他更應該做的是子承父蔭，留在農莊工作。青蛙變王子有多難呀！他力求表現，想讓家人刮目相看；如此一來，遭遇失敗時他特別感到苦澀，心想家人一定早就料到他沒出息。

他前來尋求治療時，我們一起試圖串起這些經歷，告訴他這不過是現實生活的考驗，希望解開他的妄想。然而，當他經歷前述的挫敗時，又陷入了妄想。他垂頭喪氣地來看診，滿懷怨恨，以半挑釁的口吻說：「如果我告訴您，今天我在火車站看見一位穿著一件破爛西裝的男人，那顏色和布料和我唯一一件上好的西裝一模一樣，您會怎麼想？這還不夠明顯嗎？他就是要我有自知之明，我是個失敗者。您大概又要說這只是個意外，對嗎？」

我們可以理解他的自卑感與挫折感，以及造成他失常的背景因素。我們同時也看得出來，先入為主與妄想之間只有一念之差。不妨這麼說，偏見會變質為妄想：受到情緒的影響，我們固守著既有的成見，沒有實地瞭解情況後再修正我們的偏見，就和這位胡思亂想的人一樣。

當我們無法處理好心頭的恐懼或罪惡感時，也會產生諸如此類的紛亂心緒。生活在極權統治之下，因為出言批評、被人密告，或者知情不報而被抓進集中營的人，很容易把當權者或其附屬當成可怕的仇敵。寂寞、惴惴不安、離群索居以及確實存在的危險，會擴大我們錯亂的情緒。夜深時分，置身在陌生的屋子裡，或處於陌生的國度，一個奇怪的聲音就會讓人產生錯覺。心亂如麻、恐懼或有罪惡感的人，會比輕鬆自得、處於安全的環境又有人陪伴的人，更容易疑神疑鬼。我們再一次看到分裂人格者的問題：與世隔絕與缺乏安全感。這樣的狀況也顯示出，正常與病態的區別有多麼細微，一般人也會有脫序演出的時候，只不過分裂人格者長期處於異於平常的情境，最後演變為「病態」的行為——但這樣的發展有其必然性，因為他們覺得必須保護自己。

再舉一個例子，說明分裂人格者如何壓抑人際交流、發展親密關係的渴望，導致失常錯亂：

一個非常寂寞、幾乎沒有任何朋友的近三十歲的男子，在一場音樂會上深深被坐在他旁邊的年輕男子所吸引。他不動聲色地偷偷看著對方，強烈渴望進一步與對方互動往來。他不知道該如何開始，只是心中有一股強大的衝動。恐懼慢慢擴散，剛開始是一種不確定的不安感，然後擴大為心慌意亂。他幻想著自己的身體被彩色的圓圈纏繞著，那個人想圈住他，捉住他，他非得掙脫不可。他冷汗直流，最後倉皇逃離音樂廳。

在此我們看到他對交流、親密感的渴望，以及隱藏在背後的同性戀傾向，但他無法表現出來，也無法與對方溝通，最後將心理的渴望投射到對方身上，變得好像對方想要占有他。情況失了控，他心中的恐懼變質為威脅，唯有逃離現場才能解脫。

當一個人裡裡外外的世界都脆弱不堪，不難理解為什麼他要創造出一套這樣的生存方式：不依賴任何人，不為所動也不為所感，總是保持距離，盡可能維持優勢，絕不與人平起平坐，讓人捉摸不定。驕傲自大、難以親近、冷冰冰、沒有感情，或者當他所有的保護措施都不夠時，有可能瞬間暴怒，像前文所形容的一樣。如果我們瞭解是什麼讓他變成這個樣子，也明白是什麼心理因素讓他有這樣的舉止，便能夠助他一臂之力。

分裂人格者在接受治療時，所描述的存在危險有時讓人心生憐憫。我們從中可以看得出來，什麼對他的生存來說最為重要。對我們有利的家庭和社會，對他而言卻充滿危險，但我們難以調整他的心態。有時候天才就是這樣形成的，他們能夠忍人所不能忍的感覺；天才與精神異常者往往只有一線之隔。可以確定的是：當分裂人格者能夠忍受所有的痛苦與恐懼，並且克服一切時，他一定可以發揮人類的最高潛能。

必須強調的是，分裂人格有多種面貌，而在這裡我們試著把還算正常、症狀輕微、嚴重失常以及極端錯亂的特質都列出來：輕微的社交困難；非常敏感；獨來獨往；特立獨行；孤僻；怪異；反社會；犯罪；精神失常。這樣的人當中不乏極有天賦者，就因為才華橫溢，他們的孤獨寂寞和人際疏離有著正面的價值，不受傳統束縛，不必瞻前顧後，一般人可沒有這個勇氣。他們傑出、知識豐富，能夠超越種種界限，而大家對他們充滿敬意，站在一旁欣賞。如果他們的情感生活不至於繳白卷，只是有點兒害羞退縮，這樣的分裂人格者不過是有些與眾不同、比較敏感、不喜歡世俗瑣事及平淡無奇。除非是無感的人才會失去真正的人性。

他們對宗教多半抱持懷疑的態度，極盡挖苦之能事，認為信仰根本就是「胡說八道」，批判禮教、傳統以及所有的規範。他們在這些事物面前保持清醒，以近乎不敬的言詞解釋所有無解的事物。在啟蒙時代以及自然科學蓬勃發展的年代，這樣的人不算少。通常他們是理性主義者，缺少感知某些經驗的能力，一般人也很難和他們討論這方面的話題。

這種對待宗教和信仰的態度，也許是潛意識裡預防自己失望的策略：他不敢去信，因為不希望自己失望，卻又悄悄地期待有可以說服他的「證明、事蹟」。有的時候他頗為逃避現實世界，有破壞傾向，成功摧毀別人信仰的成就感會讓他樂不可支。然而，他不見得希望別人跟他一樣什麼都不信。這裡我們再一次看見這種人的矛盾；也許他並不希望自己是不相信一切的人。嚴重的分裂人格者，因為不曾擁有被保護與被愛的體驗，所以完全不可能信仰宗教，傾向於無神論。他把自己當作衡量一切的尺度，乃至於奉自己為神明。他對這世界沒什麼興趣，全心只想著自己，從中衍生出一股力量和意念，盤踞著他的意識。也有些人會往宗教裡尋找不曾有過的安全感，也確實找到了；但這樣的信仰並不像孩子般單純，也不是信奉一位值得敬愛的神，比較像是接納一個超凡入聖又不落言詮的人物，在這個人物的面前，他有條件開放的自我滲出一絲崇敬，從這位超凡者的身上映照出他自己的人性；而這份默契可以約束他。

對分裂人格者而言，倫理與道德都是有問題的。如果有人苛責他，希望他因此感到內疚，他不會太在乎。他壓根兒不會對任何人產生什麼不好意思。他不太與人來往，拙於交際。他自我中心，捍衛自己的主張，適合他的才有價值。如此一來，他有可能變成一位「道德先生」，只認可適合他自己的規範，瞧不起那些遵循傳統道德思想的人，認為他們膽小如鼠，沒有勇氣按照自己的意思過日子。性格夠堅強的分裂人格者可以獨立自主而活，他賦予自我與眾不同的價值與意義，就像本章一開始的引言。性格不夠堅強者及軟弱的人只會退縮起來，試著在自我世界中找到平衡，才不用依賴他人。有的人因此變得只愛小動物或者沒有生命的東西；嚴重者出現破壞的傾向，反社會，利用別人以達到自己的目的。

具有精神分裂傾向的父母師長無法給孩子足夠的溫暖；他們顯得疏離，無法適當給予或回應孩子的情感需求，甚至在孩子表露情感時加以嘲笑。他們會看透孩子的情感並且指出其心理動機，讓孩子感到不安，也因此迫使孩子太早學會自省。和這樣的父母相處，常常得應付他們令人難以理解的突發舉動，讓孩子得時時保持警覺。這樣的父母難以讓孩子尋得愛的認同，也讓孩子覺得難以靠近。但是他們卻可以和小寶寶維持不錯的關係；直到小寶寶長大了，他們就用嘲弄替代關愛，讓孩子感到困惑不已，認為如果父母根本不重視自己的感覺，這叫做愛嗎？(「喔，我尊貴的兒子突然聽話了。」「我的小公主今天對我特別好，肯定是有求於我。」)

由於這樣的內在性格，分裂人格者喜歡從事少與人接觸的職業，特別是理論與抽象的領域。最常見的是自然科學家、太空人、物理學家、數學家和工程師。如果所從事的學術研究必須與人合作，他們會採取間接迂迴的方式，譬如透過心理測驗、顯微鏡觀察以及放射線攝影，或者經由遺體解剖進行病理研究。他們太容易被心理投射所影響，呼應叔本華所說的：「上帝啊，如果你真的存在的話，如果我真的有一顆心的話，救救我的靈魂吧。」他們的心裡總是有些傷痕或問題期盼著被揭開、被發現。若是從醫，他們當研究者比為病人治療來得適任，對於精神科與學術有高度興趣；做為神學家，他們比較喜歡鑽研宗教理論，而非與信徒密切相處的神職人員。他們刻意與人群疏離，轉向動物、植物和礦物，運用精密的儀器如顯微鏡、望遠鏡，研究這個世界的微觀與宏觀現象。

我們不難想像，當知識與權力掌握在一個人格嚴重分裂、不與人來往、閉關自守的人手上，而他想要把自己的想法付諸實現時，會有多麼危險。除了依照興趣與天賦選擇職業，他們往往希望尋找一個有可靠主張且不受主觀情緒影響的領域。他們如果是哲學家，多半是重視理論更勝於實踐的思想者。

在政治方面，他們寧願是改革派而非無政府或任何極端的主張；或者他們對政治漠不關心，在他們唯我的觀點中，認為政治「與我無關」，任何團體的事都吸引不了他們。

在藝術方面，他們對於抽象、不對稱更感興趣，嘗試表達內在複雜的體驗，且往往以暗示和象徵的手法表達。或者他們也可能是犀利的批評家、諷刺作家及漫畫家。他們的風格獨具，不拘泥於形式，有時候走在時代的尖端。如果他們的表現並不針對特定的族群，而是以整體人性及最基本的東西為訴求的話，往往會產生前所未有的突破。他們常常可以捕捉到心理氛圍，刻畫言語不足以表達的東西，凸顯別人看不到或逃避的東西，作品中表現出對人的深層體認。但這類藝術家很少在活著的時候受到重視。

上班對他們而言根本不重要，比較像打工，不過是掙一份薪水罷了——職場之外才是他們真正的生活，可以發展愛好和興趣。他們喜歡從事不必與人合作的工作；對動物、植物與礦物深情以之，是常見的現象。機電、交通等工作可以象徵性地滿足他們潛意識中與人來往、有所連結的渴望，也是他們樂於進入的行業。

具有領袖魅力的分裂人格者往往可以引領巨大的變革，是先驅型的人物。這樣的人洞察力深刻，因為他體驗過對人類存在的強烈質疑，他所經驗到的恐懼與寂寞煎熬，以及被放逐的感覺，是具有安全感的人所無法想像的。

年歲會讓他們變得更加孤單與古怪，但也有人因此變得更有智慧。我們可以說，分裂人格者比一般人更明瞭變老的意義，這得歸功於他們早就習慣了獨立自主以及離群索居，所以頗能適應寂寥的日子。年輕時他們就建構了一個可以居處其中的個人世界，不太需要別人的參與。同樣的，他們不太畏懼死亡，像斯多葛禁慾主義的信徒一樣，他們接受人終究一死的事實，而且不傷春悲秋。他們與這個世界和其他人沒有緊密的連結，相對的隨著死亡所必須蒙受的損失或犧牲就少得多；他們對人事物不過度依賴，甚至不牽掛自己，所以能夠揮一揮衣袖離開人世。

分裂人格者好的一面在於他們的獨立自主，不麻煩別人，有勇氣按照自己的主張安排生活。他們對事物觀察入微，冷靜客觀，有批判性且堅定，勇於面對事物醜陋殘酷的一面，不會懦弱不前或刻意美化。他們不甘於傳統的束縛，教條什麼的對他們也不太管用，在他們周全地思慮某件事之前，不會向權威低頭，不認同任何習俗風尚。他們不感情用事，不喜歡熱情過度、曖昧或意亂情迷。當他們陳述自己的想法時，態度明確且不容妥協，並盡全力捍衛。他們善於諷刺挖苦，也很容易看透別人的弱點，想對他們耍花招可不容易，所以想當然他們不會太受歡迎。他們對自己的實力深信不疑，不會抱著幻想而活；他們認為命運是可以被駕馭與克服的——唯有他自己才能創造命運。

還要說的是，有些分裂人格者並不會為自己的心理狀態所苦，反而認為自己很正常。他們肯定自己的自給自足、獨來獨往；別人卻因他們不懂得為人著想而難過。位高權重、指使別人為他效命的人，屬於這一類。

如果這裡所描繪的「好的一面」不夠詳細的話，那是因為我希望簡單明瞭地介紹所有的人格特質；我希望讀者要懂得判斷，每種性格都可能走向極端。

對分裂人格而言，最重要的是別忽略了自我保護與自給自足的對立面，也就是要打開自我，整合這兩股極端的驅力，才不會讓某一個面向變成絕對，導致他們走向病態式的孤絕疏離，失去所有人際連結。「人不可離群索居」，不與人來往容易使人失去人性。而如我們在結語將看到的，本書所探討的四種人格類型都有個傾向，他們深受各自的相對類型所吸引。由此我們可以看到人類追求完整、解放病態的極端的潛意識驅力；如果我們什麼都不做的話，不可能擺脫四種恐懼原型對我們所造成的傷害。要冒險信任他人、交出自己，我們必須先能夠走出孤立的狀態，體驗到人際連結不只是負擔、羈絆與危險，而是支持，也是一種經驗分享與發展，更是透過關係擴展自我設限。

第二章

害怕做自己——憂鬱人格

Die depressiven Personlichkeiten

忘記你認識的那個我，千萬別丟了自己。——賀爾德 Herder

這一章我們要探討第二種恐懼的原型：害怕變成獨立的自我，擔心脫離世界的一種深深的不安全感。從基本的動力來看，這樣的人是活在「公轉」中，也就是繞著一個更大的中心運轉，避免落入「自轉」；廣義來說，就是願意把自己交出去。

每個人都希望與他人建立互信互諒的關係，愛人也被愛；這是人類的基本特質。當我們愛一個人的時候，希望帶給他幸福，與他同甘共苦，能夠猜得出他的心思，為他著想更甚於為自己，我們可以忘記自己的需要，沉浸在付出和接受的快樂中，這讓我們產生一種「一體」的感受，忘卻了個人的區別，至少暫時如此。這種愛的最初展現，是母子之間的關係，而或許所有愛的努力都是要再次創造、再次發掘我們幼年時期曾經體驗過的這種愛的感覺：母愛是無條件的，因為我是她的孩子，我的存在就足以回報她的愛，她因此心滿意足。愛人的能力成為我們的天性，愛必須被啟蒙、被喚醒，才會開花結果。當我們感受到愛，便感覺到自己的價值，同時也讓我們有能力去愛，以回報對方的愛。現在，請仔細想一想，如果一個人不願意自我實現，寧願只為別人而活，會怎麼樣呢？

第一個結果是，另一個個人，也就是他的伴侶，對他而言會變得非常重要。

想要付出自己的愛必須有個對象，一定要有另一個人存在，否則就無法去愛。由此就產生了一種依賴，這也是這個類型的人格最大的問題，我們稱之為憂鬱：他比其他人更依賴及需要一個伴侶，因為這就是他愛的方式，也因為他渴望被愛——如同弗洛姆（Erich Fromm）在他的書《愛的藝術》（*Die Kunst des Liebens*）說的：「我需要你，因為我愛你」、「我愛你，因為我需要你」。他需要一個人讓他可以發揮他的愛；他需要被這個人所愛，因為他認為自己無法滿足自己的需要。

假設有一個人強烈的需要另一個人，他就會竭盡所能消除那個人與他之間的距離。兩人之間的距離令他痛苦——相反的，分裂人格者卻一心一意保持距離，以便保護自己。這樣的人盡可能要靠近別人，並且留在別人身邊。他的「自轉」發展得愈少，距離感帶來的恐懼就愈強烈，他害怕伴侶疏遠他、離開他，他盡全力阻止這種事情發生。距離對他來說代表被拋棄，而這會讓他墜落憂鬱的谷底，悲觀絕望。

有什麼辦法可以不受分離與失去的恐懼所困？唯一的對策是發展獨立自主的能力，不再分分秒秒依賴另一個人而活。但憂鬱的人很難做到這一點，因為這代表他必須鬆開與另一個人的緊密連結，而這會立刻引發他對失去的恐懼。於是他的解決之道是尋找其他的安全感來源，但是如我們所見，這只會讓問題變得更糟。

依賴可以給他安全感，無論是他自己需要一個厚實的肩膀，或者他做為別人避風的港灣。被人倚靠，有人需要他，彷彿一紙保證書，保證他永遠不會被拋棄。一個可能是，讓對方與他緊緊相連，他在對方的身邊表現得就像個徬徨無助的孩子，藉此暗示對方絕對不可以棄他於不顧；誰會這麼狠心遺棄孤苦伶仃的孩子呢？另一個可能是，讓別人依賴他，把對方當成孩子看待。兩者的動機一樣，都是要營造依賴感。

害怕失去主導了憂鬱人格的各種表現：害怕被孤立與分離、害怕不被保護和寂寞、害怕被拋棄。分裂人格者極力要保持距離，不與人來往，以消除心中的恐懼；憂鬱的人卻尋求最親密的關係。親密感對憂鬱人格而言代表著：安全和受到保護；對分裂人格則是：自給自足遭到威脅及束縛。分裂人格者認為距離代表安全與獨立，但憂鬱人格者卻視之為威脅和孤立無援。

當憂鬱人格者意識到個人的自我實現無可避免表示必須做個獨立的人時，他會拒絕接受，要不就是不讓對方獨立。用我們的譬喻方式來說：他以放棄「自轉」或不讓對方「自轉」來擺脫恐懼。他繞著別人轉，或者讓別人繞著他轉。他好像生活在月球上，聽得到自己的回音，只看得見自己的影子；或者，苦苦糾纏著另一個人。他至多知道自己恐懼失去，但不明白他真正的恐懼是害怕個體化。他以為自己或伴侶各自發展會讓兩人漸行漸遠。典型認知是個體化和獨立的過程會讓我們更為孤立。我們愈是做自己，就愈是和別人不一樣，也就愈無法與別人分享。個體化意味著走出「和別人一樣」的安全感，因此對這類的人總是帶來深深的恐懼。而群居的本能可以緩和他們的恐懼，一如身在群體中可以緩和他們對個體化的恐懼。憂鬱人格者對於個體化特別感到恐懼。別人的想法和感受稍微與他不一樣，他都會解讀為差距和疏遠，並且為此驚惶萬分。所以他努力不讓自己和別人不一樣。

讓我們看清楚一點。當我們愈是無法實現自我，愈是無法自立，我們就愈是必須仰賴別人。因此，恐懼失去是脆弱的自我的一種展現。這也是為什麼以更多的讓步與自我放棄來面對失去的恐懼時，往往只會走向死胡同，甚至是引火自焚。不夠堅強的人亟需有個強勢的人當靠山，而他愈是軟弱，就愈離不開這個靠山。一個百般依賴的人想必時時心懷憂戚，擔心失去避風港，畢竟他已經把一切都託付給另一個人，沒有對方就活不下去。所以憂鬱人格者追求可以承諾他安全感的那種依賴關係，而依賴愈深，他就愈害怕被遺棄，所以他緊緊纏住對方，即便短暫的分離也會讓他難以承受。這會形成惡性循環，除非他勇於做自己，突破自己的心障。

分裂人格者為了逃避對付出與承諾的恐懼，抗拒與人親近，認為所有人都很危險、不可信；憂鬱人格者則完全相反，他把別人都理想化，尤其是他喜歡和信任的人，他美化別人，包含他們的缺點，在有疑處不疑。他不希望知道這些人做了什麼不好或令人感到不安的事，因為這會破壞他對他們的信賴。因此，他不太能體認到人性的陰暗面，包括別人以及他自己的；他的信任滴水不漏，他的愛沒有條件，他必須把所有的懷疑和批評嚥下去，他迴避衝突，「為了和氣著想」避免意見不合，因為這些可能導致對方離開他。他眼中的伴侶完美無缺，打著燈籠也找不到，伴隨而來的危險是往往會被對方利用，因為他像小孩一樣天真，像駝鳥一樣把頭埋進生命深淵的沙堆裡，由衷相信對方是一個好人。

為了營造和諧以及永遠不煩膩的親密感，他必須表現「良好」，努力訓練自己具備利他的本事：謙虛、隨時準備放棄自我、息事寧人、無私、具有同情心、感同身受，這樣他的地位才無人能夠取代。他的忍耐力超強：卑微，從不要求什麼、配合度百分百、服從，乃至於犧牲自己，誇張者甚且奴顏卑膝。這些事情加起來只有一個目的：讓自己不用害怕失去、害怕孤單；他放棄自我與自己的希望，才能逃避個體化的過程所帶來的恐懼。

但這麼做會落入自欺欺人的危險境地。透過這樣的行為模式，他可以隱藏自己害怕被拋棄的心理動機，同時對那些不及他謙卑、凡事忍讓的人懷有道德上的優越感。他認為這是必要的美德，也認為他是在付出與犧牲自我，殊不知他從來沒有發展或擁有這樣的自我。

不敢做自己是他必須付出代價的，所以他不敢有所希求，不敢興起想做什麼的念頭、衝動與情感。因為害怕或因為他的想法，他不允許自己批評別人——他心想，自己難道不會犯同樣的錯嗎？因此他愈來愈依賴別人，只能期待別人來幫他完成心願。他不敢有所求、有所希望、有所得（以犒賞他的卑微度日）；如果現實生活裡落了空，那麼至少天堂裡還有上帝的承諾吧。

如此一來，憂鬱人格者對生命的期待都是被動的，也勢必難免因希望無法滿足而感到失望與鬱鬱寡歡。另一方面，如果他放棄獲得回報的期待，憂鬱就會來敲門。在他的一生中，反覆陷入坦塔羅斯★的困境：當他想吃水果的時候，有水阻

★譯按：表示對某個事物可望而不可及的痛苦。源於希臘神話：宙斯之子坦塔羅斯（Tantalus）因洩漏天機而被罰永世站在上有果樹的水中，水深及下巴，口渴想喝水時，水即減退，腹飢想吃水果時，樹又升高。

擋於前，他不曾學過如何摘水果，也不敢有學這項求生技能的想法。他不要求什麼，食物送到面前了也不會享用，他更不敢發有益健康的脾氣，而這些都讓他活得十分窩囊。想當然耳，他提出要求以及採取行動的勇氣也不足。

以下舉例說明憂鬱人格者的行為模式：

一名已婚的少婦說：「我先生經常和一個年輕女孩走在一起；我認識那個女孩，她挺迷人的，我先生一下子就被她勾上了。我坐在家裡哭，但可不能讓他知道。如果我一味地責怪他，他一定會認為是我小家子氣，亂吃飛醋。我擔心一旦他受不了的時候，就會一腳把我踢開。我先生說，男人就是這樣，假使我真的愛他，就必須接受。」

顯然她不確定自己究竟「必須接受」丈夫什麼，以免讓他對現代婚姻關係感到失望，儘管她根本不瞭解所謂的現代婚姻是什麼。她也不確定自己可以接受什麼或者如何抵抗；她的自尊感低落，往往高估了每個對手。她沒有說出心中的想去，確認自己忍耐的限度，也沒有以牙還牙，採取讓丈夫也打翻醋罈子的戰略，因為她害怕失去他。她強迫自己寬宏大量，認為自己必須曲意承歡；而她丈夫於是利用她的弱點。當她察覺丈夫漸行漸遠的時候，她相信唯有更體諒他才能留得住他。有一天她終於明白，這麼做只是讓丈夫更加瞧不起她時，她嚇得不知如何是好。她一直不願正視先生不把她當一回事的事實。這樣的事例在今日更為常見。我們的社會對於自由與依附、貞潔與隨性所欲有各式各樣的文化宣傳，它們常常要求太多，特別是對這類憂鬱的人，要他們做自己不想要做的事，只因為害怕不符時代潮流。

除此之外，這位少婦的生活中還充斥著許多她規定自己要做到的事：每年耶誕節，她總有一張長達百位至親好友的名單，是她「一定」要寫卡片或送禮物的人，所以每到過節前幾個星期，她便深感時間壓力和抑鬱，不知道該如何在繁重的日常家務中完成這些事。她從來不曾想過其實她可以不必這麼辛苦，光是偶爾為此感到心煩意亂就讓她內疚不已。

所謂的「倒楣鬼」往往具有憂鬱人格，以下試舉一例：

我還可以再努力一點，但我總是什麼都做不好。咋天我上美容院，設計師亂搞一通，給我剪了一個可怕的髮型。然後我約好的工人又爽約。我老是碰到這種鳥事。為了安慰自己，我去買了件襯衫，回家後才發現我根本不喜歡那件衣服，事實上我想買的是另一種款式。

從上述例子可以看出，這位女士在表達自己的想法時含含糊糊，或者她根本不清楚自己想要什麼。所以她經常感到失望，而她把這樣的失望怪罪於外在環境，或是因為自己倒楣。她沒有清楚告訴設計師她想要什麼髮型，她也不知道自己到底想要買什麼樣的襯衫，她只不過希望補償一下自己的失望。她覺得自己很可憐，運氣總是不好，生活實在太虧待她了。她沒有看清楚的是，她無法明確說出自己想要什麼，才是真正的問題所在。被人放鴿子是很平常的事，她卻加以誇大解讀，情緒大受影響，認定自己運氣背，而這麼想也影響她看待事情的方式。「我老是碰到這種鳥事」，這麼一來她就可以把自己應該負的責任往外推，怪罪這個「可惡的世界」；她把壓抑及恐懼全部歸咎於命運，是命運害她變成倒楣鬼。從自怨自艾中她獲得某種程度的滿足，這表示她不需要改變自己。

憂鬱人格者在面對衝突與問題時，往往會出現上消化道系統的毛病，這當然是一種象徵性的表現，和他們的理解或需求有關。心理作用反應在身體上，咽喉、扁桃腺、食道和胃都會不舒服。俗話說「煩惱會長肉」，就是說我們在失望或沮喪時，喜歡吃東西或借酒澆愁。由此看來，這樣的人很容易落入各種成癮的問題，我們應該明白這類行為是在尋找替代的滿足感，或者是逃避現實世界。

在憂鬱人格的例子裡，常見難以吸收某樣東西，或總是學不來什麼事情，而他們會說是自己「記性不好」。他們不容易記住什麼或轉瞬即忘，還以為自己腦筋不好、不夠聰明。仔細觀察，會發現他們無法感知與理解各種印象，他們無法帶著興趣與專注力吸收學習，因為他們害怕屈服於強烈的刺激與渴望——這會使他們陷入強烈渴望著什麼，卻又無法接受它的衝突中。於是他們只好過濾掉很多刺激，很快就死了心，聽天由命。這種態度會造成學習上的困難，使人容易倦怠、無法專心，形成保護性的篩選機制；反作用則是讓他們變得更加憂鬱，因為老是遭受挫折，對自己感到絕望。

所謂的記性不好，經常是聽天由命的徵兆，因為他們打從內心就不相信自己能夠擁有什麼。寧可一開始就棄守，然後恰如其分的失望。他們採取酸葡萄的心理，不認為自己有辦法或有資格贏得心愛的東西，於是就貶低自己喜歡的人事物，假裝那根本不值得他們盡全力去追求。這樣一來，雖然免去一些得不到東西的失望感，但世界之於他們卻也變得愈來愈黯淡、晦澀、了無生氣，生活也將日益空虛。他們面對生命的饗宴卻不敢走上前去享用，只能滿懷妒意地看著別人盡情取食，開懷大嚼；但他們這麼做的同時，卻因此感到安心。

憂鬱人格者的適應力和隨時準備棄權的態度時常遭受考驗。然而，如果他們承認自己無法逃避主觀的自我，如果他們不想被過重的負擔壓得喘不過氣來，如果他們不想被忌妒給啃蝕，只能眼睜睜看著那些得到自己想要的東西人，不帶罪惡感與恐懼地享受著掙來的果實，那麼他們就可以找到復原之徑。

憂鬱人格的感情世界

愛、渴望愛、渴望被愛，是憂鬱人格者最重要的人生課題。他可以從中發展出最美好的自己，但最大的危險也潛藏其中。我們知道他與伴侶的關係會是最大的挑戰。兩人的關係很容易變得臨淵履薄，緊張對立、意見不和、衝突四起，這些都會讓他無法忍受，讓他的恐懼感又被觸動了起來。他不明白自己苦心經營一切，對方卻覺得快要窒息，只希望重獲自由。他覺得手足無措、沮喪絕望，當恐懼襲來時他會採取恐嚇威脅的手段，甚至不惜自殺。他永遠在追求比親密還要親密的關係，所以他很難相信伴侶並不想這麼做。對方若是認為兩人需要一點兒距離，他就覺得對方不夠愛他，或者兩人不再相愛。

憂鬱人格者有一個迷人之處，在於他的同理心對待，他像愛自己一樣愛著對方，這是他最美好的特質之一。他以為徹底參與才是愛的真諦，他的感同身受有時到了一種通鬼神的程度，以至於人我之間的距離消失了。他的思慕很純真，如神話般嚮往對方，希望能夠跨越界限、藩籬，與對方融而為一體。或許在潛意識中，他希望在更高的境界上，重新體驗嬰幼兒時期與母親的親密關係。以下將會探討，小時候與母親的相處經驗對我們發展愛的能力有多重要。一般來說，帶有憂鬱傾向的健康人，往往擁有寬厚的愛人的能力，他們願意付出與奉獻，也能夠與伴侶共度難關，給予對方安全感、溫暖，以及無條件的愛。

嚴重的憂鬱人格者，他的感情被害怕失去所主宰，這樣的關係因此困難重重，充滿抑鬱。兩個人的相處模式大抵是：一方想要依賴另一方而活，完全按照對方的方式走。這麼做當然有可能創造出最大的親密感。於是他變成和伴侶一模一樣的人，放棄原有的性格與好惡。他不要自己的生活了。他想的和伴侶一樣，感受亦同；他猜得透對方的心思，讀得懂對方的眼神；他知道伴侶喜歡什麼、討厭什麼；他曉得對方的看法，同意對方的意見。簡言之，他活在對方的思想、觀點、嗜好之下，分不出他與對方有何區別。他覺得做自己很危險，會讓他產生被拋棄的恐懼。他因為對方而活，有意識的犧牲奉獻、無私忘我。要分辨這種感情的真假，可以看看他是否害怕「自轉」，以及害怕被拋棄；或者，即使他知道愛有風險，仍然願意讓對方自由發展，同時堅持自己的愛。

「你去哪裡，我也要到那裡」變成一種絕對。對伴侶而言，這樣的模式在許多方面看來令人安心。然而，在兩性關係中，如果一方過於依賴另一方，像個應聲蟲或僕役，時間久了另一方也會感到厭煩。因為害怕被拋棄而竭盡所能犧牲自己，把自己變成像孩子一樣，也會讓人感到厭倦。他變得愈來愈依賴與無助，自己辦得到也應該做到的事，卻處處仰賴對方指引。這樣的想法源自於，他認為如果自己愈獨立，伴侶就會認為他不需要他；他以為自己需要幫忙的地方愈多，就愈能靠緊對方。潛意識裡，他將父母與小孩之間的關係套在伴侶關係中。有不少婚姻都是這樣的模式。深愛著伴侶，但在喪偶之後立刻再婚的人，情況與此相似：他們不太有自己的生活，可以迎合任何一位新人，並且適應得很好；重點是，他們不要孤單度過一生。

往這條路上走，會發展出一種共生的關係，你我之間的不同與距離不再。這樣的人追求的是你泥中有我、我泥中有你。一位憂鬱人格者說得好：「你再也搞不清楚自己停在何處，以及對方從何而始。」他寧可完全融入對方，或者「用愛吞噬對方」，這樣他才不會被人拋棄。兩者都會產生一個問題：他既不願意發展自我，也不允許伴侶擁有自我。

在這樣的關係中，經常可以發現「我愛你，但與你無關」的模式。這正是一種逃避「害怕失去」的感受的動人嘗試：伴侶可以想做什麼就做什麼，反正他愛的是自己對伴侶的感覺，勝過愛伴侶這個人。如此一來，他可以得到永恆的愛，以及永遠不變的關係。

在抑鬱的關係中，比較麻煩的是勒索的愛。這種愛披著過度保護的外衣，隱藏其下的是從害怕被遺棄衍生而來的權力欲望。如果沒有達到他的目的，他會施展更強硬的手段，以自殺要脅對方，讓對方產生罪惡感。而若出此下策仍舊達不到目的，他會陷入極度的憂鬱和絕望。「假如你不愛我了，那我也不想活了。」說這些話是想加重伴侶的負擔，讓對方為他的生死負責。如果兩人的糾葛太深，對方一時心軟，感到內疚，看不清楚整個情況，則悲劇就要發生。對方只是因為害怕、同情和罪惡感而被他留在身邊，平靜的表面之下，對方恨他、巴不得他死掉的想法卻日益膨脹。生病也是一種勒索的手段，同樣會產生類似的悲劇。

我們再一次看得出來，憂鬱人格的恐懼與衝突有一些共通性：愛得愈深，愈擔心失去對方。在生命的各種波折中，我們都希望在愛中尋得一絲安全感。我們也看得出來，避免做自己未必能讓自己免於失去的恐懼。相反的，當我們委屈求全，我們害怕發生的事就愈容易發生。伴侶之間本來就要保持足夠的距離，好讓雙方都可以做自己、發展自我。唯有兩個獨立的個人才能發展出良好的關係，而非一方完全倚賴另一個人，變成了客體。恐於失去的人，不相信自己是獨立的個體，而就是因為他過分依賴、缺乏自信，導致別人不認真對待他。另一方面，把伴侶視為孩子的人要注意了，對方遲早會要求自由與尊重，或者等到對方再也無法忍受的時候，愛就變成了恨。當然，除非對方有精神官能症，但這樣的關係是停滯的，沒有成長，通常也是童年關係的翻版。

與愛、情感與親密比起來，憂鬱人格者並不特別重視性。性生活若是美滿，他們也能享受魚水之歡，體貼入微，認為只要兩情相悅，沒有什麼不可以。從沙文主義到順服奴役，都可能是強烈依賴伴侶的憂鬱人格者所採取的模式。無論哪一種模式，這樣的人常常認為性是留住伴侶的一種方法，以至於忽略了自己的感受。

一個人需要多少自由與依賴，或者可以忍受多少自由與依賴，從來沒有一般的準則；每個人都要找出適合自己的尺度。每個人的性情、經驗、遭遇以及社會處境都不一樣，很難找到一體適用的相處模式，或者說哪個好又哪個不好。我們必須對彼此有足夠的理解，才能尊重截然不同的愛的方式，否則我們會輕易地批評那些童年被剝奪、難以培養成熟感情，且因此受苦的人。

憂鬱人格的侵略性

看到這裡，讀者應該可以理解憂鬱人格的情緒問題。由於他滿心恐懼自己會被遺棄，又怎麼有辦法採取侵略的態度？依賴的一方是無法向支援他活下去的人發怒的，這麼做不啻自斷後路。然而，換個角度來看，生活在這個世界裡的每個人，包含我們自己，難免有情緒及反應激動的時候。當憂鬱人格者的火山即將爆發時，他們會怎麼做呢？

可行的辦法之一，是吞下這些火氣，藉此培養息事寧人的氣度。因此他不再覺得做出侵略性的反應是可行的，不論是面對他的內心或外在世界。碰上必須堅持主張、據理力爭、捍衛自己的時候，他會重新解讀問題，認為情況其實沒有那麼糟糕，別人沒有惡意，或犯不著為這種小事生氣，或生氣只會讓自己丟臉。他愈是遁入這樣的想法框架，允許自己被忽視，為了補償心中的不平，他會升起更大的道德優越感——殊不知這也是一種侵略的形式。

一再容忍讓步，變成了受氣包，最後只會導致精神、道德以及性生活全被拖下水。在這種情況下，也許他會一夕間變了個人，以前他活得像另一個人的影子，許多事情他不曾經歷、不敢嘗試，現在他卻要全盤操控；不過這種情形比較罕見。大多數的情況是，他按照伴侶的好惡捏塑自己，不僅壓抑自己的個性，同時也自以為情操高貴：他是比較好的那個人，所以要忍受一切，錯的都是對方，他自己不必負責。這裡我們可以清楚看出他那種自以為的「美德」，在不自覺的情況下百般折磨著伴侶；等而下之，變成性虐待者。「聖人」變成折磨者，「罪人」

飽受折磨。威弗（Franz Werfel）寫的一個劇本就叫做《是被殺的人錯了》（*Nicht der Mörder, der Ermordete ist schuldig*）。低聲下氣的憂鬱人格者長期扮演苦旦，把伴侶變得一個有侵略性的「壞」人，則伴侶的罪惡感會日益增加。如果他因此生了病，伴侶將永遠逃不開罪惡感，畢竟他看起來就像個善良的受害者。在這樣的情況下，會發生可怕的後果，讓他對於隱藏在嚴重抑鬱底下的強烈情緒有所感知，但這樣的情緒從來沒被認為是一種侵略性的反應——如果有人這樣解釋給他聽，他肯定會大吃一驚。

前面曾經提到，憂鬱人格者沉重的愛情背面，隱藏著潛意識的侵略性：他愛得辛苦，但溫柔的壓迫足以使伴侶喘不過氣來。

他不知道自己的侵略性通常以怨艾的方式表現出來：抱怨、悲歎、訴苦。伴侶不勝其煩，他卻不知喊停。他抱怨事情太多，人人存心不良，不為別人著想。很多時候他擺出一副無聲的指控的模樣，使盡各種花招激起別人的罪惡感，伴侶於是被逼得處處小心，時刻以他為念。要是伴侶識破這些，覺得受夠了，便會拋下憂鬱人格者加諸在他身上的愧疚。

如果這裡提到的侵略方法都不管用的話，憂鬱人格者說起話來就充滿了自憐，矛頭總是對準自己，傷春又悲秋的。侵略性、罪惡感加上害怕被人拋棄，這些衝突沒有解答，現在他必須把之前對著別人的所有不快轉向自己，於是他自我怨恨，甚至有意識或無意識的自我毀滅。真正的悲劇來自於童年時期所感受到的忌妒與恨意所引起的自我毀滅；他從來不被允許表達這樣的感受，因為那只會使情況變得更糟，或讓他覺得自己很壞。因為他沒有機會或找不到方式宣洩情緒，因為他懷著罪惡感經歷一切，於是他把責任歸咎於自己，變成了一種自我懲罰。最糟糕的情況是幼小的孩子把被拒絕的情緒加以內化，轉化為自我憎恨，他害怕被遺棄也缺乏安全感，岌岌可危的處境讓他難以承受，也必然經驗到怒火與侵略性。這樣的人在幼年時期沒有學習如何處理自己的憤怒情緒，長大後變成了憂鬱人格。這些因素影響著他，以至於他永遠都不知道自己應該在何時何地發怒，或者等到他想發脾氣時已事過境遷。他也不清楚要怎麼發脾氣才能達到目的，總是落得堅持己見。無奈之餘，他想著應該採取非常手段，可是他根本不曉得從哪裡開始。他不停幻想著如果他真的大發一頓脾氣會如何，而這樣的幻想使他害怕又歉疚——他總是害怕反向效應，擔心自己被反作用力給打中。學習判斷什麼時候應該生氣，什麼時候一個堅定的眼神或採取某種姿態就足以贏得尊重，這樣他才會知道自己是否高估了表達怒氣所可能引發的結果。唯有如此調整，憂鬱人格者對於自己的憤怒才能有新的體驗。

不妨這麼說吧，憂鬱人格者吞下去的怒氣會逐漸攀升，由過度保護以及自以為的謙虛與息事寧人，轉為哀嘆、抱怨及犧牲者的角色，終至自責、自我指控與自我懲罰，乃至於自我毀滅。除了壓抑的情緒，還會伴隨身體的症狀出現，某些嚴重或者一直難以治癒的病症即由此而來，好像他不自覺在懲罰自己，藉著傷害自己報復一切。

無法表達的情感、不被允許的怒氣，這些找不到出口的情緒不僅煎熬難耐，還會削減人的動力，讓他變得被動、懶散，壓抑的不滿衍生成心理障礙。即便小孩也難免會有怨恨、生氣與妒忌的時候，一旦這些情緒被內化，變成憂鬱的背景原因，就十分危險。灰心喪氣、覺得又恨又妒，這些我們不得不克制的感覺，使得我們長大後抑鬱消沉，覺得「被擊垮了」；對於無助且必須依賴成人的孩子，感覺更是如此。唯有當孩子被允許表達他的情緒和怒氣時，他才有機會學習與自己的感覺相處，然後好好加以處理，或者學著放手。當一個小孩安靜且乖得不尋常，當他看起來了無生氣，對生命也毫無興趣，當他不願意也沒動力參加任何活動，當他無法好好獨處，對於一個人被留下過度反應，這些都是憂鬱的先兆，我們應該多加留意關心。

唯有累積與自己的怒氣相處的經驗，才能學會妥善處理怒氣。發洩怒氣是健康的，是自我價值、人格尊嚴中非常重要的成分，也是一種健康的自尊。憂鬱人格者的低自我價值其實來自心中的膽怯、壓抑怒氣。歌德在《親和力》（*Wahlverwandtschaften*）中寫道：「再也沒有比愛情更能夠與另一個人的優點互相抗衡的好方法。」這是昇華之後的嫉妒心；但是小孩如何懂得昇華的道理呢？

現在我們要再問一次，憂鬱人格如何形成，為什麼有人會如此害怕失去、害怕做自己？

環境因素

具有憂鬱人格傾向的人可以是溫暖又善感、願意也有能力去愛、充滿了同情心。這些特質常常與奉獻及忍耐有關，也使得他難以脫離或離開他認為對自己很重要或他已經投入很多的人。這種情感框架會使人變得忠誠、堅貞、具有愛心與同理心，常見於多愁善感者身上。再一次，我們得想想這些特質有多少是因為無法或缺乏表達個人情緒的能力所致。同時，在這種性格的人身上，堅持自己的積極能力消退；他們的自信與魄力太少，生性溫和、聽話，不好爭鬥。另一個因素可能在於缺乏堅韌的保護層，這是一種重要的人格缺陷，讓他必須仰賴別人的保護與支持，所以他很容易就無意識地落入把伴侶當成父親或母親一樣。他也可能生來就冷漠，或傾向基於利害關係的感情。儘管如此，關於性格傾向與行為反應的問題實則難有定論。

這些問題與個人生活條件交疊。觀察童年時的情況，更能夠明白環境條件對憂鬱人格的影響。相較於嬰兒階段慢慢地認識周遭的環境，稍長一些的孩子已經知道母親是滿足他所有需求的來源，其中最關鍵的是，相信母親會不斷出現在他身邊，讓他感到很安心；幼兒有很長一段時間以為母親與他就等於「我們」，如同金可（Künkel）說的：母親與孩子是一種共生的關係，自成一個單位，幼兒要過了很久才會分辨母親與他不是同一個人，在他的意識中曾經不明白母親和他之間的界線。現在他知道母親是不同於他的一個個體，同時也曉得他可以從母親那裡獲得一切，他深感幸福，覺得不能沒有母親。他需要母親，母親一旦不在他就怕得要命；他完全依賴母親，一切以她為中心，她是他最重要的基準點。

如此長期的完全依賴，母親的形象烙印在他的心裡。因此母親的角色被「內化」了，變成孩子不可或缺的心靈要素。母親對她自己的態度，也會影響孩子看待自己的方式。這種內在的形象，如同心理分析說的，將母親的形象「內化」或「納入」，孩子所體驗到的母子關係將反映出他長大後對待自己的態度與看法。幸運地擁有一個慈愛的母親的人，會認為自己是值得被愛的；而若不幸擁有一個冷酷且拒絕愛的母親，他會以為自己不值得被愛，需要花很多時間、累積很多新的經驗之後，才能夠相信自己也值得被愛。好的母子關係是一種無價的財富。

良好的母子關係中有施也有受，母親和孩子都覺得快樂。像回聲似的，孩子接收到什麼就會反映出什麼：他用微笑來回答母親的微笑，過些時候，他用微笑喚起母親的微笑。由此產生親密的連結，兩人互相瞭解，這是他們最感幸福與滿足的，感激、希望及愛也由此而生。嬰幼兒尚且處於短暫的天堂歲月，他不被要求什麼，大人知道他的需求，也會滿足他的需求，因此他快樂地感受到自己的存在。到了幼兒成長的第二階段，他**明白**自己依賴某個人，通常是母親，而他愈來愈需要這種值得信任的親密關係。

母親能否給予孩子這些東西實在太重要了，這樣孩子才能夠發展出「愛人與相信人」的能力。畢竟母親的形象與性格是幼兒對人與人性的第一印象。他對於喜歡或拒絕、被愛或不被愛的初次體驗，取決於母親看他的眼神，母親如何接觸他、對待他，以及怎樣與他相處。即使是最細微的事情，孩子也會敏感地捕捉。他與自己的關係也在這個時候做好準備，為他的自我價值打下基礎。

現在我們要問：在這個階段中出了什麼問題，才會造成一個人把「自轉」體驗為恐懼和罪惡感，而無法享受做自己？原因就在於做母親的兩種錯誤態度，我們不妨稱之為**溺愛**與**拒絕**。

先來談談溺愛。有些母親希望孩子永遠是襁褓小兒，無助且需要她、依賴她。有憂鬱傾向的母親，潛意識裡害怕失去、對生活感到憂懼，或者擔心失去孩子對她的愛，所以對孩子採取溺愛的方式。她們把柔情都傾注在孩子身上，不願放手讓孩子自己去做與去學習。

有的時候這與女性的命運有關；可能是她們對婚姻感到失望或失去伴侶，而孩子是她們唯一擁有的，她們太需要孩子了。她們需要孩子的愛，並竭盡所能讓孩子為此感到感激。小孩愈長愈大，問題接二連三地來。她們抱著無比的驚慌看著小孩成長、變得獨立。對她而言，這意味著：他愈來愈大了，過不久就不需要我了。就小孩來說，他可以感覺得到母親想要牢牢抓緊他，永遠把他當成孩子看待。但我們也不能低估了母親對孩子長時間的付出。而有誰會願意看著自己小心呵護的東西就這麼跑掉呢？

這樣的母親對孩子的溺愛從很早就開始：還在餵奶的階段，每當寶寶哭喊（經常是嬰兒在證明自己的生命力），她就趕快抱起他，扼止了孩子展現生命活力；小寶寶一旦不開心，她就用無窮的溫柔將之淹沒，孩子根本沒有機會表達自己的情緒，也不可能為自己的不開心找到解決之道。她片刻不離小孩，像一塊磁鐵一樣吸引孩子的注意力與感覺，套句拳擊用語就是：緊緊扣住對方，讓雙方都動彈不得。在往後的日子中，出於同樣的動機，她為孩子承擔一切，插手所有的事，什麼都替他準備好，把自己擋在孩子與外面的世界之間，用盡法子保護孩子。她無法接受小孩健康且自然的情緒反應，她會表現得像是受了傷或潸然淚下，而孩子當然會有罪惡感。

凡此種種除了讓孩子與母親更加連結在一起，卻也讓孩子沒有多少機會去體驗到根據自己的動力去行事，所以他打從很小開始就以為凡事不能沒有母親，想做什麼事也非得先得到母親的許可才行。如此發展下去，最後他簡直沒有屬於自己的願望，他放棄了，變得被動懶散，希望別人都猜得出來他想要什麼，並且應該滿足他。由此產生了只求舒適又被動的態度，生活之於他有若安樂鄉；他的憂鬱藏在樂園裡。龔夏若夫（Gontscharow）的小說《歐布羅莫夫》（*Oblomow*）★中，有非常精彩的描寫。

這樣的孩子沒有渴望、志向與衝勁，活在世上卻對任何事都插不上手，只好再度依賴別人。而這樣的母親通常會告訴小孩，外面的世界險惡極了，以至於小孩認為只有母親才能給他溫暖和安全，保護並瞭解他。他轉向世界發展的衝勁因此減弱了，認為家可以提供他一切所需。做母親的不讓別人接近她的孩子，帶著醋意保護孩子，異性朋友都被她貶得一文不值；對於孩子與別人建立友誼，她的反應是悲傷與痛苦，好像孩子背叛了她，因為她把別人都看成潛在的競爭者，極有可能搶走她的小孩。她「溫柔地虐待」孩子，一般而言會持續到青春期，小孩的熱情與衝勁就在填滿了母愛的棉花中窒息。勇氣、堅持、冷靜這些特質在這樣的孩子身上都找不到。他依賴心重，以為在外面的世界裡也會得寵，一旦稍有不順便感到十分挫敗。當他體驗到自己的能力不足和弱點，就會再次躲回昔日的城

★譯按：俄國作家的小說中的主角名，意指閒散的作夢。

堡裡。因為他的自我弱勢，面對生活困境猶如不可能的任務，於是他嚇退了，決定什麼都不做。

這樣的母親不會因為孩子長得夠大了就讓他們自立門戶、自行發展，她用愛束縛孩子，甚至不讓孩子自由地表達自己的情感，而是命令地說：「對我好一點兒」、「親我一下」。她不讓孩子做事：「算了，讓我來」、「太難了」、「你還不會」。她硬生生破壞孩子的熱情：「你怎麼不玩這個」、「給我停下來」。她不知道這會製造出什麼後果：扼殺了孩子的自我發展，連帶地搗毀了孩子對生命應該懷有的夢想。在這種情況下，孩子無法學會「自轉」，必須黏著母親，像個應聲蟲似的，對世界、自己、乃至界線都一無所知。他很被動，百般配合，希望自己繼續受母親溺愛著。但失望在所難免，這些失望讓潛伏在他內心的憂鬱爆發了。

母親對待小孩的方式會因為自己的遭遇而不同，譬如離婚、孀居、在婚姻擱淺時期生下孩子、生育過於頻繁等等，都會讓孩子更不好過。獨生子比有兄弟姊妹的小孩處境更艱難，因為母親巨大的愛只灌注在他一個人的身上。有位病患是獨子，有一次他誇張地形容：「如果我母親把她的愛都倒在我身上的話，只會讓我滿身傷。」

讓小孩自由發展是絕對必要的，卻使得母親這項任務變得吃力不討好；若是做母親的期待孩子心存感激或要求他們回報，情況只會更糟。如果做母親的無法成熟看待孩子的健康發展，不認為這才是她辛苦付出的報酬，痛苦煩惱當然接踵而來。

然而，孩子的內心狀況更為複雜。對於母親的占有及讓他失去信心，他也會感到恨意。若他膽敢說出心中的部分感受，母親會細數當年如何照顧他、犧牲了哪些東西，以便激起他心中的罪惡感。這些養育之恩當然都是事實，但是小寶寶並沒有要求母親為他做牛做馬，現在怎麼能要他為此感激涕零呢？何況這類母親的行為是不利於小孩的。孩子對於被指為沒良心感到羞恥，出於罪惡感與不安，他不再試圖解放自己。情緒敏感的孩子會因此感到痛苦，我們可在案例中看見。他們不敢邁開步伐離開母親，讓人透不過氣的親密感以及極度的依賴此時已顯而易見，孩子必須捨棄自我發展，要不然他將背負著讓母親操心的罪惡——對小孩而言，這是解決的唯一方法。大概沒有什麼比這種喚醒罪惡感的「教育」，更能讓孩子感受到肩上如千鈞般的重擔。一旦孩子長大了，能夠抽離來看，體認到童年所承受的痛苦絕非必要，而是父母愛的方式不對時，往往會難以原諒父母的過錯。

以下是一個很典型也常見的例子：

如果母親認為他沒有規矩（通常只是指他沒有馬上回話，或是做了什麼不該做的事），她就會躺在沙發上，「死了」。也就是說做母親的會長時間動也不動，對孩子的哀求無動於衷，直到孩子絕望大哭為止。

諸如此類的威脅通常會喚起小孩的罪惡感，好比說「我走了以後就再也不回來了」、「你想把我送進墳墓」等等。

如果溺愛小孩的第一種動機是希望小孩愛她，對她心懷感激，那麼第二種動機更為複雜，對小孩也更有害。情形通常是，當小孩不是母親真心想要的，或是基於其他理由她對孩子冷冰冰、懷有敵意，可是又要求自己得做個好母親，如果做不到就良心不安。出於罪惡感，她寵孩子，拚了命要與小孩重修舊好。對母親來說這是很困難的事（可想而知對待繼子女最常碰到這種情況），對孩子來說更是困難。他曉得母親的努力，卻也察覺到背後的冷漠與敵意。缺乏真愛，無法靠溺愛來平衡，那只會把小孩導入必須感恩的處境，而他其實無意言謝。這會造成小孩覺得自己的存在就是一種錯誤。他感覺到自己是母親的負擔，事實上他沒有生命的權利，如果母親還能容忍的話，他應該知足了。

接下來我們要探討「拒絕」，這個造成憂鬱人格的另一個環境因素。這裡指的是嚴厲、缺少愛、冷酷的母親，通常她們的童年經歷中缺乏做母親的範本，不太清楚小孩需要什麼。比較無害的是那種因為不確定以及不瞭解小孩，因此照規矩來養育、教育小孩的「計畫母親」，忽略了小孩的個別需求。一位剛迎接第一個寶寶的母親寫了以下的日記：「小娃兒尖叫了好幾個鐘頭，但是餵奶的時間還沒到。」很長的一段時間，這樣的記載反覆出現在她的日記裡。在此不得不提一下，醫生們所提出、往往被認為屬科學的個人意見，常常是問題所在。

要一個孩子很早就能夠適應生活規律、節制個人需求，實在過於嚴苛。太過規律地餵奶，喝完奶之後立刻被送回嬰兒床上，沒有足夠的愛心關注，或者母親時間不多，餵奶時總是匆匆忙忙、不耐煩，都會給孩子帶來過度的壓力。孩子還不會保護自己，也不會表達自己的需求，只能絕望地忍受既定的事實，認為這個世界沒有什麼好期待的。這會形成憂鬱人格者最基本的感受：持續地處在沒有希望的狀態，無法相信未來，不相信自己以及未來的可能性，只學會要適應環境。

前途茫茫的感覺壓垮了他，忍耐以及捨棄是他的本事。他對這個世界並不懷抱期待與希望，只做最壞的打算，顯然是悲觀主義者，很難想像生活也可以充滿快樂與幸福。果真出現轉機時，他卻深感罪惡，懷疑自己不配得到這些。他無法真正的快樂，並且以避免失望的防衛措施來破壞他得到的快樂；他以為沒有什麼可以讓他幸福，他無心體驗強烈的感情，因為接下來會發生的不幸將使人更痛苦。他覺得如果一開始就不要期望過高，那麼他的失望就不會太大。

舉一個幼年被拒而留下深深烙印的例子。同樣是出自一本母親的日記：

你從小就體弱多病，出生後的六個星期全靠我親餵，但因為我的奶都給你吸光了，所以後來改成瓶餵。生產完我還躺在醫院的那十天裡，你拒絕吸奶，常常得花上五到十分鐘，甚至必須捏著你的鼻子才有辦法讓你張開口。你吐得厲害，醫師們對此意見分歧。你敏感又容易緊張，最初的六個月根本沒辦法一覺到天明。回到家三個星期後，我因為要工作，沒有很多時間陪你。你三、四個月大的時候，體重未達標準，於是我帶你去檢查。醫師說沒有任何問題，但為了保險起見，我把你帶到兒童醫院。小兒科醫師說，你有雙「哀傷」的眼神。你在醫院的病床位在窗邊，但他們只給你蓋一條毯子；相較之下，在家裡我們讓你穿得暖和許多。結果你得了肺炎。當時我慌了手腳，但至少我還能去醫院餵你吃東西。從那個時候開始，我變得悲觀。此外，你是我唯一的依靠，那些年裡你父親脾氣火爆，時好時壞，很難相處。我想也許因此我在教育你的過程中犯了錯，我總是嚴格執行一些方式，像是運動與早早上床睡覺，唯恐你無法建立規律。接受醫師治療的時候你總是怕得不得了，嚎啕大哭。有一次你耳朵痛，醫師來了卻還沒治療就走，只說他對「沒教養」的孩子很生氣。

這段內容的意涵再清楚不過，包括所有深烙孩子心中、讓孩子不勝負荷的事例。早期經驗到愛的剝奪，會對孩子產生雙面的影響。首先，他變得太容易也太早就放棄，這種態度會表現在爭取、需要或想要抓住什麼的時候。一個很容易放棄自己需要，也不會爭取自己想要的東西的人，當他看見別人毫不猶豫就拿走他們想要的東西時，很難不感到嫉妒。嫉妒心會使他產生罪惡感，覺得自己糟透了，並試著擺脫這種感覺。必要的話，他會發展出一種態度：認為自己的克制是好的，把謙虛以及不要求加以理想化，如同前述，如此一來，起碼他在道德上高人一等，而這對他而言是一個安慰。

幼年被剝奪的第二個影響是：讓孩子以為自己不討人喜歡，形成極深的自卑感。唯有體驗過被愛，才會覺得自己值得愛；若是不曾有過這種經驗，他會覺得問題應該出在自己身上，表示他一點兒都不可愛。之所以會產生自卑感，也跟這個年紀的孩子沒有比較的標準有關。他因而不知道，是父母不懂得愛；他的世界就是父母世界的縮影，父母等於是他的全部。

隨著嚴重的自卑感而來的，是他根本不認為自己有資格活在世上，他活該如此，必須靠著為別人而活來換取一張生存權利的證明。「我的存在就是一種錯誤，」一位有這樣的童年的憂鬱症患者如是說。也許是父母把他拘禁在身邊，周而復始與他講和；因為父母的自私自利，他不得不在父母自我主義的祭壇上獻上自己的生命，而且覺得一切都合情合理。

無論是極度寵愛或拒絕孩子，最終的結果都很相似：兩者都有可能導致憂鬱人格。被溺愛的小孩要到很大了，發現外在的世界中沒有人像母親一樣寵他，也找不到人接替母親的角色，諸如一段備受照顧的婚姻，或透過國家機構、社會保險的協助等等，他才會懂得害怕，產生危機意識。這裡可以看出，他沒有隨著生活變得堅強，知道自己要什麼，所以出現了憂鬱症。也有不少人轉而在某種癖好或癮症上尋找出口。

在經驗匱乏以及情感剝奪的環境下長大的小孩，很早就學會了什麼都不做。他變得安靜，很容易滿足，害羞且適應性強，樂得輕鬆的父母尚且不知憂鬱就躲在表象下。這樣的小孩習慣退縮，不要求什麼，長大後總是向別人看齊，努力達到別人的要求和期許。面對這個世界時，他鮮少有自我，主觀意識不足，以至於成為別人的附屬品。他永遠不可能實現心中的想法，因為他害怕自己太過貪心，於是他時時懷有罪惡感，緊接而來的則是憂鬱。很多具有憂鬱人格的人怯於和太多人來往，他們擔心不知道怎麼做才能滿足不同人不同的要求。有些患者也許藉著付出、給別人他自己得不到的東西，作為解決之道。他們嘗試把愛的匱乏昇華為樂善好施的行為；而這麼做也是因為他們希望被人喜愛或受人讚美，否則他們不會如此賣力。

以下案例呈現了把所有事情都視為一種要求的情形。「每當太陽高照，我就認為自己應該要為此感到慶幸，但這樣的念頭讓我不好過。」一位大學生這麼說。此外，他沒辦法把一本書從頭看到尾，即使他非常喜歡那本書，但看不了幾頁，那本書需要被他讀完的感覺就會湧上心頭。他不認為是自己想把書看完，而是那本書對他做了如此的要求，這使他變成被動的客體，讓他覺得興味全失。我們可以想像得到，這樣的體驗最後會讓人放棄與拒絕所有的挑戰。

由此我們可以看出憂鬱人格的極端模式。能夠「罷工」者堪稱幸運，因為他總算是稍加反抗那些不停息的「應該」和「必須」。如果不給他時間和足夠的條件去做他不被允許的事，也就是讓他根據自己的意志與願望去行動，而只是不斷強迫他，將會讓他陷入絕望。他只能以漠不關心、逃避來拯救自己；他會變成失敗者，陷入成癮的狀態，或者走上自殺之路。因為他看不到困境的解答，覺得生命沒有樂趣可言。倘若他想要逃避那些「應該」和「必須」做的事，只會陷入滿心的歉疚。不自覺的，他們重蹈了童年的情境。

前面提到，小孩會把母親的形象內化，他與母親的關係影響了他對自己的看法。帶有敵意、拒絕或過度要求的母親，通常不是孩子走向自殺的主因，絕望才是主要原因。絕望深植在這樣的孩子的內心深處，他因而排拒自己、恨自己，繼而毀掉自己。他無法不恨母親，但他的罪惡感如此之深，所以他寧可恨的人是他自己。他恨拒他於千里之外的母親，他也恨自己，這些感覺混合在一起，形成了嚴重憂鬱的心理背景。自殺傾向則是對於自己痛恨母親的一種懲罰。

顯而易見的，憂鬱人格者的主要問題在於無法「自轉」，以及自我發展不健全。他的自我如此脆弱，覺得這個世界對他實在要求太多，放眼所見只有堆積如山的要求，使得他絕望不已。因為自我過於薄弱，他根本沒有強烈的動機、願望或目標，遑論以圓熟的方式拒絕過度要求。憂鬱人格者因為害怕被拋棄，也基於良心不安，很難向別人說「不」，以為一旦說出口，報應就紛至沓來。他只剩下憂鬱，如果情緒積壓超過了忍耐極限就不自覺的罷工，但即便如此也難以釋放他心中的罪惡感。堆積在靈魂深處、永遠不敢表達的恨與妒，對他的人生下了毒，長長久久，必須藉著自怨自艾或懲罰自己來贖罪。只要他持續逃避自我實現，一寸寸放棄自我，問題就無解。能夠助他一臂之力的，只有勇於獨立與做自己。

憂鬱人格的故事

我們再來看一些例子。

一位年輕女孩在咖啡廳認識了一個男人，那個男人找她聊天，他知道講自己的狀況（離婚、寂寞）會喚起她的同情心。慢慢的，他愈來愈依賴她，不斷要求與她見面，逐步攻占她的心。後來他希望能夠和她結婚。雖然女孩始終不覺得這男人有吸引力、也不愛他，但她覺得不能讓對方失望，因為人家很需要她。她無法及時說不，她不願意這麼做，也沒多加留心，以至於給了對方希望。最後當她終於拒絕對方求婚時，心中惴惴不安。

這個例子讓我們看到憂鬱人格的部分內心世界。他們設身處地為別人著想，卻因為涉入太深而忘了自己的立場和權益。面對別人時，他們不太有衝動的感受，不會興起任何強烈的渴望，畢竟臣服於別人的願望和衝動下顯然容易多了。他們習慣幫別人達成心願，即使不十分情願，也會不自覺的拔刀相助。所以他們常常捲入別人的事件裡，這個弱點很容易被自私的人所利用。看到別人那麼難受，他們感到愧疚不安，加上羞於自己的安逸又不敢承認，於是他們很難從泥淖中拔腿走開。

上述這個女孩的家庭十分複雜。她母親帶著她嫁給繼父，繼父當時六十多歲，已出現失智的症狀。那時她大約八歲。她與年紀比她大得多的兩位繼姊住在同一個屋簷下，從事著繼父元配留下來的生意。兩個姊姊都要在店裡幫忙，姊姊們對她的母親並不友善。母親很害羞，丈夫又不支持她，對她的小孩也視若無睹。做母親的如果替自己的孩子添購新衣，她就得偷偷地穿，並且感到良心不安，好像從姊姊那兒偷走了什麼。因為父親無所謂的態度，母女倆都覺得自己像是外人，莫名其妙闖進這個家，搶了其他人的好處。父親在世時她們勉強被接納，父親過世後她們就被逐出家門。母親無從反抗，只好出去工作。母親雖然去找了律師，而律師也說沒有人可以逐她出戶，但她沒有力氣也不夠堅強好捍衛自己的權益。這個女孩在覺得自己沒有生存資格的環境下長大。「母親膽子小，我從來沒看過她堅持什麼。她在背後批評親戚，轉頭又原諒他們；她不停地抱怨，永遠不滿意。她常上教堂，也把我拖到小教堂裡一起為可憐的人禱告，希望生命之碗多少掉出一些麵包來。我們不奢望別人多施捨。」於是她找到了解決辦法：「如果沒有人愛我，那麼我希望窮苦一生，什麼都沒有。」

接著是另一個例子：

M女士和一位女同事分租一棟房子，兩人在同一個辦公室工作。她有車而女同事沒有，於是她養成了順道載對方去上班的習慣。女同事漫不經心，清早總是拖拖拉拉，搞得M上班老是遲到。週末她也常開車送對方出去，這差不多已經成了她的義務，誰叫對方沒有車呢。她注意到當司機的那些日子裡，她老是莫名地頭疼，胃也不舒服。

進行心理治療時她抱怨說，為什麼要當對方的司機呢？油錢是她自行負擔的，車也是她的呀。對方從來沒想過要分攤費用。一直以來，她雖然生氣，卻沒有要求對方，也不承認自己實在不高興。相反的，她覺得是自己太小氣，為這種小事斤斤計較太不值得了。就這樣，她讓自己吃虧、被利用、吞下怨懟，直到出現身體的症狀。顯然有些事不太對勁，要不然她的潛意識不會發出警訊。身體的不適訴說著她不敢做自己。她有一半猶太血統，但這只是徒增她的困擾，心想對方該不會覺得是她的猶太血統在作祟，所以她很計較錢。具有猶太基因這個事實使得她老往壞處想。她左思右想，最後總算把請對方分攤油錢的話說了出口，對方也一口答應，她驚喜之餘，不但身體不適消失無蹤，雙方的友誼也更進一步。

她對待這位女同事的態度，只是她日常諸多類似情況的一例。

憂鬱人格者的生活中充斥著這樣的行為：沒有勇氣堅持己見，不敢說不，不敢做自己。讓步、放棄、不維護自己的權益，這些舉動已經成為了他們的第二天性，絲毫不覺正是這種行為模式讓他們鬱鬱寡歡。雖然醫師會開抗憂鬱的藥物，但是若病患自己看不出導致他們憂鬱的外在因素，只會愈來愈依靠藥物，症狀雖然得以緩解，卻只是把問題蓋起來。接下來我想多描繪這位女病患的成長背景：

她是一段問題叢生的異國婚姻中唯一的孩子。她母親是猶太人。她很小的時候就知道父母嚴重不合。她常想父母勢必要分手的，而每當他們起爭執時，她總是擔心他們不知道會對她怎麼樣。父母在她面前常常提到離婚的事，通常是如此：「爸爸和媽媽打算分開，妳得決定比較喜歡跟誰在一起。」四歲大時她曾因此陷入苦惱。爸爸和媽媽她都喜歡，根本沒辦法取捨，如果一定要決定跟誰，她會對被她「背叛」的那個人心懷愧疚。她悲觀的嘗試於父母之間調停、傳話。這種情形占據了她的童年時光好長一段時間。她悄悄告訴母親，父親其實沒有那麼糟，只是脾氣暴躁，希望母親不要太認真，父親最近才跟她講很後悔控制不住自己的脾氣；她也悄悄地告訴父親，談到分手時母親有多傷心，她非常確信母親深愛著父親，雖然母親不太明說。一部分是因為她的努力，一部分則是其他原因，父母並沒有真的勞燕分飛。但是她覺得自己住在隨時可能爆發的火山上。在父母的婚姻中她扮演著重要角色，有一次她說，她是父母之間的「黏著膠與潤滑劑」，換句話說，她認為父母分手或在一起取決於她。

父母的關係如此不穩定，她還能拿自己的煩惱或問題去增加他們的負擔嗎？她心想真要如此的話，恐怕三個人都會完蛋。她從來就不是個天真無邪的小孩，不能做她自己。漸漸的，她自動的把所有的願望、煩惱、情緒和恐懼都嚥下，這些反應根本不會發生在她身上。出現的身體症狀則是：她很早就嚴重脫髮、齒牙動搖、全身脫皮。另外還有一個擾人又尷尬的徵兆：每當她和別人在一起時，肚子就會發出清晰可聞的咕嚕聲，這是她潛意識中面臨無法抗拒的處境時的一種抗議行為。這有可能也是胃病的先兆，也就是後來她與女同事不睦時出現的病痛。

她是一位「功能」正常的人，在壓抑自我的情形下，認真地完成各種任務。

但當她必須堅持自己的看法，或對別人提出要求時，卻感到窘困又無助，沒來由地心慌，寧可靠自己去完成，而同事們當然會利用她這個弱點。

再舉一個不會說「不」的例子：

病患是一位年輕的美國女性，戰後住在德國，接受芭蕾舞的訓練。每當她上完課回到家，想悄悄鑽進分租的房間時，總會遇上女房東，拖著她在廚房「閒聊一會兒」。儘管她很累，晚上還要表演，應該好好休息，但是她沒辦法說不。戰後的德國人日子過得艱辛，她「必須」邀請這一家子喝咖啡，包括房東、她老氣橫秋的女兒、兒子，以及因不被接納而出言不遜的媳婦，這在當時可是個奢侈的享受。房東的女兒無法掩飾對她漂亮衣裳的嫉妒，迫使她不太情願地把一件自己很喜歡的洋裝送給她。房東的兒子跟她擠眉弄眼，雖然她完全沒有意思，卻「必須」時不時回應對方一下，免得他太失望。她還「必須」和那位媳婦談話，以便緩和這個家庭的緊張氣氛。浪費了兩個鐘頭之後，她像癱了似的回到房間，開始狼吞虎嚥，彷彿快餓昏了。暴食症導致她偷拿了女同事放在衣帽間的甜點，於是她前來接受治療。

我們總是能從憂鬱人格的成長過程中，找出阻礙小孩發展自我的環境因素。這位美國女士也是一樁破碎婚姻中的獨生女，很早就學會退縮，在她尚未長大、發現自我之前，就會把父母的問題視為自己的問題。

接著來看看一個溺愛小孩的例子：

S先生是獨生子，父母感情不錯。母親沒有什麼特殊的興趣，過得也還算幸福，但嘴巴上不說，心裡多少有點兒不滿意。婚後幾年小孩出生，做母親的把所有未獲滿足的渴望投注到孩子身上，孩子成了她最重要的生活內容。她像保存珍貴首飾一樣呵護孩子。在能見的範圍內，她悉心不讓小孩受傷或碰上危險。但所有的事她都覺得危險極了！一陣涼爽的風吹過來，她立刻認為兒子會感染肺炎，用衣服把孩子裹得密不透風，使他成為同學的笑柄（這類母親並不懂得如何照顧孩子）。小孩在沙地上玩耍，她認為到處都有致命的細菌。騎單車多容易摔倒呀，不是跌斷骨頭就是被撞！班上舉辦郊遊或跟同學出去，天知道會發生什麼事！兒子到了青春期她還幫他洗澡、搓背、把早餐送到床前。簡言之，兒子生活在安樂窩，付出的代價則是缺乏意志力，也打不進男孩子的世界。

處於叛逆期的他有一次很想違抗母命，於是大鬧一場，爭取和同學長途單車旅行的機會。但母親把腳踏車鎖在地下室，雙手擋住門，用驚天動地的聲音喊叫：「你要踏著我的屍體才能走出去。」兒子讓步了，母親做了他最愛吃的菜，用無盡的愛做為回饋。青春期過後，母親不忘叫他離女孩子遠一點兒，她說：「她們只想要你的錢」、「千萬別讓女人纏上，她們只希望找個人讓她不愁吃穿」、「她圖的是你將來會繼承財產」等等。他若對哪個女孩稍有好感，母親這一關都很難通過。母親對誰都挑剔得出毛病，這個「出身不好」、那位穿著太風騷、另一位對她不夠尊重，「配不上你」。她一個一個淘汰，而他習慣了用母親的眼睛來看世界，很快就發覺母親的話有道理，最後不敢追求女孩子。

他十五歲的時候父親因意外而過世，而這只是讓他更相信自己的不幸。現在只有母親與他相依為命，母親也千方百計要他明白這一點，要他不能丟下她不管。晚上在外頭逗留的時間稍微久一點，他就滿心不安，心想母親一定擔心死了。週末假日他都陪著母親，要上大學的時候，學校位於鄰近的城市，那場離別足以摧人心肝，似乎他要去的是另一個州，或者從此再也見不到面。於是他承諾每個週末都回家。

母親知道他所有的事情，並不是他什麼都願意說，而是母親打破沙鍋問到底，以至於他養成什麼都得說的習慣。母親為此感到得意，可以炫耀說：「我兒子跟我之間是沒有祕密的。」他自己倒也對這種零距離習以為常。母親理所當然拆閱他的信，他不認為有何不妥。一旦他內心或外在因素「危及」他們的共棲關係，母親會在微妙的時刻生病，用這個方去把兒子留在身邊。

他永遠是母親長不大的兒子，少數幾次脫離臍帶的嘗試，都因母親強加的罪惡感宣告失敗，過不久他就完全放棄這個念頭。他終生都在當「乖兒子」、傻好人，他友善、樂於助人，但是乏味且性冷感。他對女性心存畏懼，在她們面前顯得笨拙又害羞，不知道如何贏得芳心，因為他只懂得當乖兒子，跟比較年長的女性才相處得來；他深諳箇中巧妙，這樣的女性既不危險，又能欣賞他的彬彬有禮。一旦有年齡相仿的女性對他顯露好感、試著與他交往時，母親的警告總適時地響在耳際，為他築起防衛的城堡：她還不是為了錢。他的少壯就這樣虛度，隨著年齡增長，他不再與人來往，不論男女，只是繞著母親打轉。母親因他的配合演出，出人意表的青春永駐，十分滿意與「兒子情人」的這樁「婚姻」。

另一方面，他因為母親的溺愛，以為得到需要的一切是理所當然。大學畢業後，一位父執輩為他在一家頗具規模的公司謀得一個職位，由於母親總是捧著他，他自以為特殊，即使別人並不認為。他非常在意別人的批評，傲慢的態度令上司不滿。但他的彬彬禮貌很快為他爭取到客戶，雖然他的專業能力並不特別優秀。他常常推開一些事情，整個下午都流連於咖啡廳、游泳或看電影。如此一來，他當然不可能如他所願的步步高陞，而他認為是別人不賞識他的才華。有一次出差時，在酒精的作祟下，他被一個女孩引誘，雖然他一再努力，卻證明他性無能。他因此尋求心理治療——這件事違抗了他母親的意思，這對他來說意義重大，也是個好徵兆。

再舉一個幼年時屢遭拒絕的例子：

A先生是他母親非婚生的第三個孩子，她每次都是跟不同的男人，懷他的時候就滿心不情願。他成長的過程中經常聽到這樣的話：「要是沒生你就好了！」

有一次，他帶了一幅小學時畫的圖畫來接受治療，畫中的人兩手被綁在背後，經過立在森林裡的禁止標誌，牌子上寫著：「馬上放手」、「看我回家怎麼修理你」、「你又混到哪裡去了」、「再犯的話就……」等等。他還很小的時候就覺得自己沒有資格活在這世上，認為別人只是容忍他的存在，他應該為此感激涕零。母親一直在貧困中掙扎，而他也覺得母親並不想給他什麼，他自卑且學會了盡量不引人注意。接受治療時，他坐在沙發上，雙手擺在腿上，剛開始動都不敢動一下。他的習慣是千萬別引人注目，最好不要讓別人察覺，別刺激任何人——如果他不吵到別人，就不會被送走。他的生活也是這般：他盡可能不需要太多的空間、過度謙卑、沒有願望或計畫，他到哪裡都吃虧。他對未來不抱持任何希望，也很早就開始送報紙賺錢，掙得的微薄薪水全部都拿回家。

後來他靠賣報紙維生，生活中唯一的樂趣，是當他在寒冷的街角站了好幾個鐘頭、差不多快凍僵了的時候，喝一杯暖呼呼的格羅格酒★，或是晚上抽一根小雪茄，偶爾看一場電影。他非常寂寞。他怕女人，他總是在女人身上看到母親冷酷、嚴苛又無情的影子，他不認為女人會為他帶來什麼好處。

他從未見過父親，因此非常渴望有一個父親般的領導人物。後來當一個年紀

★譯注：摻水的朗姆烈酒。

較長的男人對他示好時，這份渴望再度甦醒，他立刻投入對方的懷抱。他時時擔心畸戀被人發現，對這位有性虐待癖好的男友十分依賴、言聽計從；並不是因為他害怕，而是不希望男友對他失去興趣。在這段關係中，他受盡折磨與屈辱，只為了取悅對方；但至少這段關係中還有一絲絲人的情感，讓他覺得自己很重要，可以給對方一些什麼。有時候他被男友像物品一樣利用了之後，一股恨意突然襲上心頭，但被拋棄的恐懼勝過一切，所以他又順服了，甚至會用新的花招引起男友的興致。在這個性變態的關係裡，他也有了施虐的狂熱，就像男友虐待他一樣。他只有一項嗜好：他偷偷地寫了一篇故事，故事裡他很了不起，但這個劇本始終沒有完稿。也許算他幸運，因為這個陪他度過寂寞的夜晚、有朝一日享譽文壇的夢想，想必也會隨著作品完成而幻滅。

一位四十出頭的婦人因為要做心理治療而寫信給我，進行治療之前我們有過談話，然後她寫了下面這封信給我（第一次和她談話時，我問了她希望治療為她帶來什麼）：

我的童年充滿了恐懼。如果當時我有意識地察覺一切的話，那絕對會是一場災難，所以可以說我潛到水底去了。我希望您能把那些妖魔鬼怪趕走，拉我上岸，教我如何讓一切上軌道，如何分配時間，如何與別人以及我自己相處。我希望您陪我一起與安眠藥、尼古丁以及酒精奮戰，教我在與別人意見不合時，如何擇善固執，而不是累死人的把排山倒海的情緒存在內心深處。我要反抗的事情很多。我的要求從來沒有被重視過，因為我看起來很乖。我從未真正工作過，我非常懶惰。對我而言，童年時與父親的關係問題最大。不過他被藏起來了，連夢裡都不曾出現過。

在上面的自述背後，是一段非常悲劇的童年：

父親患有精神病（當時她大約十二歲），直到過世都住在家中，由一位男性看護照顧。父親貪愛杯中物，一喝酒就變得脾氣暴躁，口不擇言，難聽的話都進了這個小孩的耳朵。母親很軟弱，生下比她小三歲的弟弟時得了產後憂鬱症，之後很長一段時間有嚴重的妄想，幻想著她以殘忍的手段殺死自己的小孩：把針插進小孩的腦袋。在這樣的氣氛下，才五歲的她經歷了下面這個事件：一次父親酒後發瘋，闖進她和母親坐著的房間，用一把左輪手槍朝她頭上低空轟過，然後跑出房間。母親想打電話報警或請醫師來，小女孩卻說：「我們跟爸爸好好說，他會幫我們的。」

顯然這個孩子所遭遇的已經超過她的忍耐極限，所以只能夠用分離知覺與感覺來處理自己的恐懼。現在我們比較能夠理解她信中的一句話，她說：如果幼小的她有意識地察覺一切的話，對她來說絕對會是一場災難。我們也能理解，為什麼父親藏在她記憶中，也未曾出現在她夢裡。她所經歷的威脅與恐懼，假使她意識清楚的話，會知道那是她父親所為，想必情何以堪。若是如此，恐懼與不安早就爆發出來了。所以她選擇了跳過這一段，維持父親良好、守護的形象，硬生生把受威脅的那個畫面給抽離，彷彿要殺她的是一個陌生人；而如果她向父親求助，對方就不會再威脅她了。父親變成她意識中能夠幫助她的人，而她迫切需要這樣的一個父親。要多大程度的害怕與絕望，才會使一個小孩不得不具備這樣的能力！當然，這是一場如惡夢般折磨她的特殊經歷，我們可以想像她當時暴露於危險中，有多麼恐懼、絕望。她可以逃到哪裡尋求庇護呢？所以，除了上述的各種癮症，她的日子過得像做夢一樣。事實上，她從未活在真實的世界中，她等著被保護，根本看不清危險及威脅。她不關心周遭環境，避免再一次經歷創傷，她的酒癮等等也是逃離世界的徵兆。她覺得最理想的狀況是她根本沒有被生下來。我們也因此能夠理解，為什麼她張著眼、雙手抱住膝蓋，沉到水底去，望向天空覺得自己無比幸福。她躲在夢幻般的生活裡，逃過現實的浩劫，處於憂鬱和精神病的夾縫間。當不堪的真實打擊她時，這些可以保護她。

一位三十二歲的外交官因為長期性無能來接受治療，他的性功能障礙（並無任何器質病變）並非僅是個人的問題，也與伴侶有關，以下為背景敘述：晚上他下了班回到家，洗完澡之後要照料八個月大的兒子、餵他吃東西，而這段時間他的妻子則躺在沙發上抽著菸看書。他是三兄弟中的老二，大哥年少時血氣方剛，像個野孩子似的又不聽話，母親因此很排拒他。做為孩子的直覺，他可以感覺得出來母親希望他是什麼模樣。而他確實是個乖兒子，願意做所有會讓母親高興的事。於是他放棄屬於男孩的、男性的特質，甘願幫忙做家事，讓自己保持整潔、守規矩，做母親的寶貝。相形之下哥哥就遜色了，但是他付出了自己的男兒本色為代價。後來他繼續在婚姻中扮演乖兒子的角色（比較像乖兒子而非丈夫），包辦所有家務，聽妻子指揮。因為害怕妻子不愛他，所以他不敢有任何脾氣，一如當年擔心如果反對母親的話，母親就會不愛他了。他從來沒有學到怎麼為自己爭取權益，也不曾說「不」。他的身體症狀是對所有衝突的一種解決之道：他用永遠無法滿足妻子來報復與懲罰她；而因為那是「身體的問題」，不是他的錯，所以他不用為此感到愧疚。同時這也是他對自己隱藏對妻子的怒氣的一種自我懲罰。當然這些想法都是發生在潛意識裡。

當他明白這些前因後果之後，決定突破重圍：生平第一次喝醉酒、抽第一根雪茄（因為母親不喜歡，所以過去他菸酒不沾），而且婚後第一次他清晨四點才醉醺醺地晃回家。他的妻子儘管非常吃驚，但很高興他總算回家了，她是位理智的女性，也希望嫁的是個男人，而非兒子。她展開雙臂迎接他、誘惑他，兩人有了親密的愉快時光。

補充說明

以上這些例子讓我們看到，在具有憂鬱人格的人身上，恐懼以及逃避恐懼基本上會以什麼樣的形式表現出來。他們害怕「自轉」，害怕做自己，是因為害怕被拋棄，害怕孤單一人、寂寞。這與分裂人格者害怕親密、害怕付出是截然不同的兩極。如果一個人從自我實現與自我獨立中退縮，他會覺得自己的存在有所欠缺，變成只是生命的客體。他覺得生命對他要求太多，無力負荷，時時感到不安與罪惡感。

讓我們為憂鬱人格的圖像再補上幾筆：如果一個人不希望成為獨立的個體，過度倚賴別人，便失去了相對的自我價值。這樣的自我退縮，一開始看似正面的，他充滿了同理心、同情心，他總是為別人著想，顧及別人的利益，感同身受直到與對方融為一體。雖然這些都是好事，問題是他會陷入為人著想的泥淖中不可自拔，再也找不到原先的自我；他因此失去自己的觀點，變成應聲蟲——可以說他將基督教義中的「愛人如己」，轉變為「愛人勝過愛自己」。

這樣的人很容易被別人利用，他以為別人想的和他一樣，考慮周到、體貼入微、配合度高，其實不然。大部分的人都比他來得自我中心，想要得到的也比他多得多。這會導致一個前面提過的狀況，他因此把自己的行為昇華為美德與理想主義，以便處理自己的嫉妒，他用自認道德上高人一等來安慰自己。看到別人心想事成，自己辦不到卻絲毫不覺妒忌，這是多麼高貴的行為啊。

很難改變憂鬱人格的想法。他之所以抱著這些自以為的道德情操不放，是因為放棄和感到忌妒都讓人不好過。況且他也可以從中得到道德滿足感。此外，我們也必須知道，對憂鬱人格者來說，待人處事的許多面向與方法他都缺乏經驗也不拿手，光是這一點就會讓他退縮。由於缺乏生活技巧，所以他總是回到自己熟悉的那一套。如此一來，他愈是跳入自己的想法陷阱，但這麼做無法解決他的問題，因為那只是為了逃避他自己的弱點與恐懼。歌德作品中所提到的真正的昇華幾乎不存在；那些因為意識形態或某個想法而保持謙遜的人，在不公平的生活苦痛中將無法避免落入嫉妒。

生活中許多無關緊要的情境會觸發憂鬱人格者的精神官能症狀，如果更加留意這些情況的話，應該可以有所改善。好比說，一位憂鬱人格者在請客或作客時，總是想著自己應該負責讓賓主盡歡，一旦氣氛不夠愉悅，他就會感到自卑或歉疚，殊不知正是他如此刻意與壓抑的表現，讓氣氛輕鬆不起來。他根本沒想到其他人也有責任，一個人很難搞定一切，讓大家都快樂。他只覺得自己的責任重大。有位精神患者，每當他介紹新朋友給舊朋友認識時總是萬分煎熬。他永遠無法放輕鬆，心頭老是擔心著：他們喜歡彼此嗎？去聽音樂會的時候，他也很難享受，因為他會想像自己既是台上演奏的人也是觀眾，以至於他的恐懼加倍，一方面怕音樂家會出錯而讓觀眾失望；一方面擔心觀眾的回應不夠熱烈讓演奏者失望。他根本無法做自己，而是懸在人我之間，下意識地不斷重複過去的情境，認為他必須為周遭的人著想，瞭解他們的需要，讓人人都滿意。他的自我退縮起來，以免失去僅存的小小安全感與別人的愛。就像我們在分裂人格者身上看到的一樣，任何風吹草動都會讓他們想東想西：分裂人格者因為缺乏人際連結而產生妄想；憂鬱人格者則是把別人當成自己，以為自己要對所有的事情負責，這並非源於妄想，而是因為他缺乏堅強的自我，為別人而不是為了自己而活。

不難理解為什麼憂鬱人格者面對身體的症候毫無抵抗能力，潛意識裡這是保護他免於超載的方式，所以他不會為種種病徵感到不安。他喜歡生病以及因病住院，因為這表示他終於有權利讓別人來照顧他，自己什麼都不必操心——只要他不會因為生病而覺得內疚的話。

他未曾體驗到主體的存在，於是不可避免由嫉妒、懦弱、滿腹委屈而生出恨意。要怎麼樣才能揮走飽受折磨與罪惡的感受呢？看來只有一種可能，那就是發展出謙卑為懷、順從、息事寧人以及一無所求的態度。這樣他才有可能獲得內心的平靜。但這種平靜危機四伏，鬱結著被壓抑的情緒。基督教是一個主張愛的宗教，但宗教史上卻充滿仇恨、殘暴以及戰爭。這是否與基督教義強調的謙卑有關？教會利用上天堂的獎賞換取教徒們這一世的恭敬順從。恨與妒的感受被合理化為對異教徒或叛教者的不寬容，譬如燒女巫、迫害異教徒，以及宗教法庭上的變態儀式。

當一種理念或想法變得只是把某種力量絕對化或者排除異己，是很危險的事，無可避免將會導致各種我們想要避免的事。我們的心靈與潛意識有種特殊的能力，可以為我們指出這種極端，也就是各種道德律的衝突——它們透過夢想、透過人際遭遇，特別是透過恐懼，告訴我們問題所在；只要我們可以學著正確地解釋問題。被壓抑的情緒以誇大的形式出現在自覺卑微、凡事退讓的人的夢境裡。類似的情形也會發生在選擇伴侶上，通常我們會被與我們南轅北轍的人所吸引，因為我們的潛意識認為這個人會讓我們學到平時不敢嘗試的體驗，或至少有機會。

我們從恐懼的原型中經常發現，被壓抑的感受會被內化或外化。不論是遇到某個情況，或者與伴侶之間的相處，一個人若缺乏做自己以及化解衝突的勇氣，或問題超過他的忍耐極限，他會被迫改變自己的行為模式。被壓抑的情緒將會一發不可收拾，以一種新的方式被表現出來，如同我們在那位暴食、有偷竊癖的年輕女子身上所見到的一樣。

在憂鬱的人格類型裡，有一種人儘管表現出一般的憂鬱症狀，我們還是會說他是健康的人；憂鬱的程度從輕微、嚴重乃至於十分嚴重都有。我們可以這樣描述他們的情形：多思慮、安靜內向；謙虛、害羞；不敢提出要求、不敢堅持己見；懶散、被動；不期待什麼（生活安逸）；不抱持希望；消沉、抑鬱。在這道光譜上，走到極端而選擇自殺的例子不算少，不然就是變得沒精打采、不積極，或者陷入成癮，而那只會短暫強化自我，升高憂鬱。躁鬱症（我們會說是一種情緒障礙或情感性精神病，而非如分裂人格的狀況，是一種精神疾病；這是兩種不一樣的疾病類別，引起的問題層面也不一樣）有躁症及鬱症兩個不同的階段，前一分鐘情緒高亢、下一分鐘情緒低落，而這種病症通常與個人的成長過程有關。躁的時候，所有的限制和自動放棄都不見了，患者熱情洋溢、心情高亢，毫無節制地採購而負債累累，百分之百樂觀而揮霍無度，直到轉為鬱的階段，一切恢復舊觀，自怨自艾、膽小如鼠、絕望且沒有精神。躁鬱症患者的情緒轉換十分劇烈，從充滿希望的光芒退到絕望悲觀；但憂鬱症所展現的僅只於感覺毫無希望。

憂鬱的人通常很虔誠，在宗教裡尋求慰藉，期望擺脫痛苦以及釋放罪惡感。他們希望藉由冥想體驗到與神合一，滿足他們的渴望。除了基督教，他們也向佛教尋求出世的慰藉。所有倡導無私忘我的信仰都對他們具有吸引力，他們天真地以為現世無法滿足他們的願望，下一輩子就會好轉，現在受苦正是一種心靈提升。生活中的不公不義如此之多，他們所從事的工作多半與犧牲自我、捨棄美好事物有關，譬如護理人員。也許對憂鬱人格者來說，最難承受的是現代自然科學理論可能會推翻他們的信仰，因為他們唯有深信不疑，生命才有意義、才堅持得下去。科學總是講求理性、可測量性及可證明性，貶低了他們的信仰，試圖把他們的虔信解釋成狹義、非形而上，或者說他們天真、一廂情願。憂鬱人格者並不知道，科學只能闡明生命和世界的一部分，科學的侷限早已獲得證明。

另一方面，憂鬱人格者傾向把自己交給上帝和魔鬼。人性中有天堂也有地獄，認識自己邪惡的一面，接納它，並且與之對抗，這是我們的責任，而不是一味地將其投射到魔鬼或敵人的身上。我們也應該認識與尋找自己良善的一面，按照上帝和我們自己的意志付諸實踐，而不僅是為了求來生的福報。憂鬱人格者太容易相信「上帝的旨意」，於是以曲解的恭順擺脫了自己應該負的責任。病態的例子是，有些憂鬱患者會陷入宗教狂熱，自比為耶穌基督，懷抱拯救世人或類似的宗教妄想。

健康但帶有憂鬱傾向的人可以透過宗教信仰獲致熱忱與生命深度，神祕的體驗對他們來說並非不常見。死亡對他們來說是一種解脫，我們常會看到的是向死神投降。神的旨意會讓他們對命運低頭。他們因此對生活採取容忍的態度，時運不濟時，他們覺得都是自己的過錯。他們隨時準備受苦，因此很容易就被別人利用而吃虧上當。

在倫理方面，他嚴守戒律，常常覺得自己做得不夠好，內心的罪惡感又加深了一些。他捨棄、犧牲一切，過著苦行僧的日子，經由這樣的生活狀態把自己從這個世界抽離出來，時時處於生命的刀鋒上，虛實之間只有細微的差別。帶有憂鬱人格的父母和老師，他們的道德特質有助於向孩子解釋並強調人際關係的意義。他們的問題在於，因為恐懼及害怕失去，所以一直想要把孩子留在身邊。他們會過度保護孩子，未能與孩子保持適當的距離。放手讓孩子發展對他們而言很困難。他們也很難堅定態度，以及必要的時候得嚴厲。他們溺愛孩子，不鼓勵孩子勇於嘗試，因為害怕失去孩子的愛。經歷過童年剝奪的母親經常抱持一種想法：「我的孩子要過得比我更好。」因而她難免給得太多。

職業方面，他們傾向照顧、協助、服從他人的工作，樂意付出，發揮他們有耐心又善體人意的特質。社會服務、福利、醫護、心理治療、公益事業最為適合。他們善於「等待」，耐性十足，像個無微不至的園丁。他們如果選擇以醫師、精神方面與教育類為業，並不是為了社會地位或優渥的待遇，而是出於心中的呼喚。工作對他們而言並非僅是換取溫飽的差事。園丁、森林管理員、餐館服務員、食品業以及諸如此類充滿母性的職業最適合他們。

憂鬱人格者的夢，主題經常繞著吃打轉，夾雜著失望與絕望，點出了不敢去爭取的心理。夢中他會走進一張擺滿佳餚的桌子，但是沒有空位了，要不然就是食物都被吃光了，一種可望而不可及的景況。夢境中想要去拿什麼的渴望也表示他懷著一個希望，希望自己有動力去做，但途中總是會遇到一堆阻礙。夢中的他永遠無法到達目的，不得不放棄。無法為自己爭取的人，只能指望別人滿足他們的願望。所以他們會夢到樂園，在那裡迎接他們的是無比的舒適，各種要求通通能夠得到滿足。這類的人也有可能做海盜的夢，夢中自己是小偷或罪犯，用偷用搶的把自己想要的東西拿過來，這是對於無法為自己爭取的一種病態式的變形。他對自己過度苛責，或任憑別人苛求於他，是引起憂鬱消沉的主因，同樣會反映在夢中。如一位病患所說的：「我夢到與父親一起去山中健行，山路非常陡，我揹著背包，父親的大衣和他的包裹也都由我扛著。」

帶有這類人格特質的健康人通常深具同理心，也願意助人一臂之力，「接納」別人。貼心、樂於助人、體貼是他們很棒的特徵。他們能夠寬宥、耐心等候，不會以自我為中心。他們在情感關係中充滿深情，要求很少或根本沒有任何要求，必要的犧牲對他們來說並不是難事。另一方面，他們看待生命就顯得沉重許多，但也許培養出一種作為平衡的幽默感，「以微笑度過難關」。他變得非常虔誠，倒不一定是在宗教方面，而是對人生所抱持的態度，明知人性軟弱，仍然願意做出承諾，並且深愛這樣的人生。憂鬱的人心底放著史比特勒《普羅米修斯與艾琵米修斯》（*Prometheus und Epimetheus*）的故事：「自我價值令他們感到羞愧」，寧可把光芒藏在黑暗處，等待別人來「發掘」。他們常常是深藏不露，感情豐沛深刻又溫暖多情。在他們內心深處，他們感謝自己所擁有的；他們將成就歸功於他人更甚於自己，認為努力比天賦更重要，是謙遜的最佳展現。

第三章

害怕改變——強迫人格

Die zwanghaften Persönlichkeiten

僵硬如石！持之以恆！——赫塞 H. Hesse

我們從很小的時候就渴望永恆，熟悉的事物、信賴的人一再回到我們身邊，對於正在成長的我們格外重要。這讓我們可以發展出人的特質，具有情感與感受，以及愛人的能力。我們因此學會信任別人、懷抱希望。從分裂人格者的身上，我們看到幼年時期的照顧者更換頻繁或者從缺，導致他們的情感無法發展或退化。持續且可信賴的照顧者，對我們的記憶、認知與經驗的發展，以及對世界的看法，影響重大。如果孩子的世界一片混亂，沒有好的規律可以遵循，他們就無法發展出許多能力——外在的混亂會影響內在的發展。因此，安全感與被認可是內心對外在規律的一種反射。如果月球始終莫測高深，教人猜不透它運行的軌跡，登陸月球大概永遠都無法成功。

對此最清楚的莫過於太空人觀察到的宏觀與微觀宇宙，開啟了當代的文藝復興。艾德勒（Oskar Adler）在他的《太空人遺囑》（*Testament der Astrologie*）中引用了康德的話，表示生命中有兩件事情讓人永遠心懷敬畏：「滿天的星斗與道德規範。」假設我們感知到自己的肉體存在於宇宙之中，就可以找出自己的規律與原則。我們之所以存在，之所以擁有生活其中的空間，這些基本的條件不是人類自己虛構出來的。

追求永恆是我們的本能之一，我們也渴望一分永遠不變的愛，這可以說是宗教感受的根源。神聖的存在就是以這樣的無限、永恆和無所不在的形式，滿足了人類追求永恆的渴望。我們並不十分明瞭自己的這種渴望究竟有多強烈，然而一旦我們信賴、習慣的人事物驟然改變，或者不復存在，對永恆的強烈渴望會立刻湧上心頭。我們被消逝的恐懼給襲擊，在驚訝中體會到自己有多依賴，以及原來生命如此短促。

這一章我們要談的是第三種恐懼的原型：恐懼改變。這種恐懼愈是強烈地打過來，我們愈是想要以不變抗拒它。

讓我們想像一下，當害怕改變的感覺襲上心頭，一個人死命想要抓住永恆與安全感時，會產生什麼樣的結果？用我們的譬喻來說，就是向心力（重力）愈來愈強的狀態。

最常見的情況是，這樣的人會希望一切如常。所有讓他聯想到改變與消逝的東西都要避免，因此他總是尋找或再創造出一模一樣的東西，也就是所謂的熟悉感。任何變化對他來說都是一種干擾，會讓他坐立不安，感到恐懼。所以他試著阻止、攔下或者限制改變，如果可以的話，他會出面干涉並起而反抗。新鮮的事物對他來說是一種挑戰，但生活總是不斷流動，一切人事物時時都在改變，潮起又潮落，不可能停在原地，所以生活之於他就像薛西弗斯的苦役★。

他們會怎麼做呢？舉例而言，一個人的意見、經歷、態度、信念與習慣可能會像鐵鑄似的，可以的話他會將它們視為永遠的規則，無可爭議的信條，「不可改變的法律」。新的經驗他避之唯恐不及，逃避不了的時候只好加以扭曲，試著轉化為他熟悉的體驗。如此一來，不論有意識或潛意識裡，他會變得較不願意面對現實，略過新事物的細節，刻意誤解，要不就是情感上予以拒絕，儘管拒絕的理由往往破綻百出，顯示了他的不客觀，只是試圖挽救自己堅持的觀點。科學史上這樣的例子不勝枚舉。

這般依賴熟悉感與習慣，面對新事物時當然就心存偏見。他認為自己應該避免不習慣的事物及陌生感，唯有如此才不會陷入危險；只要不改變，他就不會落入接受新事物的風險。但這帶來了另一種更大的危險，因循守舊的代價將是自我無法發展。

對安全感的需求排山倒海般強烈，是強迫人格者的根本問題。他們小心謹慎、想很多、著重目標與長遠的計畫。從恐懼的角度來看，我們可以說他們害怕

★譯按：指徒勞無功、白費力氣的生活。薛西弗斯是希臘傳說中的暴君，死後在地獄裡被宙斯處罰推石上山，當石頭推至山頂時又滾下，於是重新再推，如此循環不息。

風險、改變與消逝。他們就像要學會游泳才肯下水的人，也就是什麼事都要先演練過。這樣的行為模式和想法嚴重程度不一，所呈現的問題形式也各異。

一位三十多歲的男子擁有豐富的藏書，但他總是到圖書館借書而不看自己的書，理由是：說不定哪一天他會被派到一個沒有圖書館的地方，所以如果他現在就把自己的藏書都看完了，到時候如何是好？

有些人的強迫特質表現在：即便有滿滿一櫃子的衣服，穿來穿去卻老是那幾件舊衣服，因為有「存貨」才能給他安全感，非要穿上新衣服時他會感到心疼，寧可讓衣服放著過時。使用新的東西意味著承認時間的消逝與短暫。會結束的事物會使他聯想到消逝，最終則是死亡。

每個人都有這樣的恐懼，也希望能夠永恆與不死，我們都在尋覓長長久久的東西，每當重新找回一個曾經被我們遺忘的寶貝時，那種滿足感是無以言喻的。這可以解釋我們喜歡收集東西的本性，無論是郵票、錢幣或瓷器，潛在的動機都一樣，因為那是一小塊永恆不變的保證；而收藏的東西不可能完滿，總是缺了下一件。有人在研發能夠使生命不朽的方式中尋找永恆，或是發明能夠永遠運轉的機器；有人視自己的主張與理論乃古今通用，是永恆的真理，彷彿超越了時間的限制。只消看看我們是多麼習慣性的動物，或者不得不改變時會感到多麼不開心，就可以看出人對永恆的嚮往。

堅持傳統與害怕改變和消逝互為表裡，家庭、社會、政治、科學以及宗教的傳統都趨向教條化、保守主義，往往變成了各式原則、偏見，以及各種形式的狂熱與盲從。一個人愈是堅持這些教條，他對於別人的反對與質疑就愈是沒有包容力。熟悉、信任、瞭解的事物給他帶來安全感，他害怕新的觀點會推翻舊的主張，他擔心新的發展會證明那些舊信念不過是幻想或錯誤，逼得他不得不改變。一個人的眼界與生存環境愈狹隘，他愈是想要維持不變，那麼他將愈是恐懼新的發展會奪走他的安全感。

愈是緊緊抓著舊事物不放，代表愈是害怕消逝與改變；愈是抵死反抗新發展，展現的反抗力量就愈見粗暴，看看那些世代之間的爭鬥就知道了：年長者堅守固有的東西，年輕人則拚命抵抗，甚至被逼得走向極端。

恪守傳統和價值觀當然有其正面意義。我們應該找出恆常的原則和方法，唯有如此才能建立跨越時間藩離的準則。而強迫人格者不是失之太過，就是失之能力不足，或者沒有做好接受新方針的準備，所以他們反抗改變、不願學習，也不願意修正原有的經驗。這些戲碼不斷在上演。他們全心全意保持事物不變的同時，心中懷著恐懼，害怕變化。他們試圖讓生活規格化，對於所有新的、不熟悉、使他不安的東西，一概予以拒絕。他們強制自己這麼做，最後把自己扭曲成強迫人格。

因此，每一種習慣、教條以及狂熱主義的背後都潛藏著恐懼，害怕改變、害怕消逝，最終則是害怕死亡。這也是為什麼強迫人格者很難接受別人或其他事物危及他的權力與意願。他會盡全力讓一切事物按照他的意思進行。但是生活中總有些不如意，而他愈是堅持，事情往往愈是不如所願。他不願意面對既定事實，拒絕讓某些事情發生，於是他只能時時保持警覺，確保所有事情都在他的掌控之下。於是這樣的強迫行為變成了強迫人格，生命力失去平衡，走向偏狹。

強迫人格者很難接受人生沒有絕對的東西、沒有不變的原則，也沒有一定可以預知結果的事物。他們認為自己可以用一套方式掌握所有事物，對自然法則不屑一顧——尼采曾經說過，意志和系統中藏著虛偽，因為這表示我們硬生生把生命的豐富多采給簡化了。

在人際關係的領域中，強迫行為的模式也依循著相同的理路。不論有意識或無意識的，具有強迫人格的人會要求別人按照他的意思去做，尤其是對伴侶、家人及小孩。前文提過，世代之間的代溝在他們身上特別嚴重，新的、不習慣的、不尋常的一概拒絕接受，否則就加以壓制。他們基於恐懼而表現出來的反作用力，徒然激起對方的叛逆與革命，然而他們卻不惜與對方奮戰到底。於是形成了青少年對老頑固的偏執嗤之以鼻。這裡面蘊含了一幕無可避免的人性悲劇，但絕非無法解決，只要我們做好接受且瞭解新事物的準備，問題就會迎刃而解。

具有強迫人格的人往往懷憂喪志，擔心自己稍稍鬆懈，頃刻間一切將變得不可捉摸，混亂非常。他們片刻不安，以為自己一旦開放了內心或外在的壓抑，那些沒有按照他們意思進行的事物會在瞬間氾濫成災——他們很像預知被砍死的九頭蛇會再長出兩個頭來的大力士。他們尤其害怕跨出「第一步」，認為一旦踏了出去，無法預知的情況就會傾巢而出。他們因此希望擁有更多的權力、知識與技巧，好在無法預知的事情發生時有個對策。他們的座右銘是「如果……就……」；如果我這樣做或那樣做，就會如何……。他們變成擅長演練與計畫的人，他們無法投入生活，而是忙著自我防衛與做準備。

一位患者被請到沙發那兒坐著，要他放鬆自己，看看此時此刻有哪些想法浮上心頭。結果他怒氣沖沖地說：「說來說去還不就是那些狗屁倒灶的事。」看得出來他很激動，心中壓抑頗多，平常不斷克制自己。保護自己免於忍受不喜歡的東西，是強迫人格者最重要的生活原則，他悉心維護自己熟悉的一切。讓我們舉一些例子。

要讓自己別掉入經驗之河的一個辦法，是保持懷疑、猶豫與裹足不前。以下摘錄一位強迫人格者所寫的一封信，信中猶豫著要不要到我這裡接受心理治療，或者選擇去療養所：

> 非常謝謝您的來信！您的信讓我進退維谷，我不知道第一次與您談話時，有沒有告訴您我有難以做出決定的精神官能症？或許有大概提一下吧。
>
> 我剛寫了一封信給X溫泉療養地，對方給我的答覆模稜兩可，也就是說，我必須在七月十五日前以信件的方式告訴他們我的決定。在這當下，我又收到了您同意我接受心理治療的通知。從此我擺盪於兩難之間，這情況真是討厭。我想結

果會是，當我下定決心去X溫泉療養地時，他們已經額滿了。要做出決定其實不難，畢竟我根本沒有足夠的旅費到慕尼黑去，我計算過必要的開銷，錢就是不夠，所以無法成行。然後我又想到，溫泉療養對我有多重要、多迫切，我想像它可以改善我長年的老毛病，對身體總是有益處，對我的諸多煩惱也有正面的效益。

我還沒有找到在慕尼黑的下榻之處，去X溫泉的話大概又……每天開車（去慕尼黑）會不會很麻煩？我不能這麼做。一想到不知道駛向何方的茫茫然，我不由得害怕緊張起來。想必我的猶豫不決讓您感到驚訝，不過您是心理分析師，而且您曉得的，我就是這副德行，活該如此。也因為下不了決心，我至今未婚。現在談這個為時已晚！這次的旅行大概會有同樣的結果，也就是最後我什麼都沒做。去慕尼黑要花錢，讓我害怕，這是事實。難道我們不該先存夠了錢，再好整以暇地上路嗎？明年五月及六月的時候，我一定可以辦得到。之前我們公司發兩次半薪，現在已恢復正常了。

我想就去X溫泉療養地好了，雖然我想去慕尼黑想得要命，但又想等到經濟好轉，無憂無慮時再說吧！如果他們現在通知我說訂位不能保留太久，那麼我也許就決定去慕尼黑。為了可能會發生的狀況，我很想知道是否可以在九月十五日付諮詢費用，另外，八月七日至九月十日間能不能接受您的治療？

這件事可真麻煩！……此時此刻我寫這封信，心想一定要盡快進行心理分析，但是事情很難改變。

又：我下不了決定，做決定讓我覺得痛苦。看看X溫泉是否還有空位。我也想知道九月七日您是否看診，而我能否九月十五日才付錢？或許我會拍一封電報。

（他最終決定做心理分析。）

從這封信件的內容看來，我們可以想像猶豫不決、無法做決定有多麼折磨人。做重大的決定又比日常瑣事來得麻煩。我們也看得出來，這樣的人在決定某件事的時候，一轉眼就被外在的小事給轉移了焦點，好比說數著夾克上有幾顆釦子就會讓他分了心，不然就是擲骰子決定等等。待會兒我們再討論對自我負責的恐懼。

再舉一個說明強迫人格者無法自在生活的案例。一位患者在治療時描述了一個夢境，接著又說：

解析夢境到底有沒有意義呢？所有的事情還不都是比較出來的，我們可以添加素材，或解讀其中蘊含的意思。誰說我的想法是正確的？也許我在敘述一個夢境時做了若干更動，也有可能我根本記不清楚了？這難道不可疑嗎？夢就像泡沫一樣，研究起來缺乏科學根據，弗洛伊德和榮格所寫與夢相關的論文南轅北轍，解析起來也各說各話。顯然其中沒啥好加以研究的。當下浮上心頭的想法？會有什麼浮上我的心頭……簡直沒辦法控制嘛……只會讓人更加莫名其妙……何況我什麼也想不起來。

不難看出他在保護自己，用理智冷靜把自己與經驗分開，他不想與那些經驗有關聯，他害怕自己失控。做治療時當然不是要用科學的方法來探討夢境，自由自在地隨想即可。有些人會認為，這位病人對解析夢境所抱持的懷疑態度不無道理，但他們忽略了，他是藉此作為逃避的方式。他的懷疑並不僅限於夢，所有讓他「不安」的事情他都感到恐懼，都會極力加以避免。

許多強迫人格者會基於保護自己之類的理由，把自己藏起來。有一個笑話很貼切：一個人來到天堂，他看到兩扇窗上寫著不同的文字，「通往天堂」及「通往關於天堂的講座」——他選擇走第二扇門。

被我們壓抑久了的東西必定會浮出水面，這是情緒的規則。一旦內心的壓力上升，強迫人格者需要花更多的時間與力氣，把壓抑的情感牢牢拴住，於是形成了惡性循環。唯有當他也接納「另一面」，接受他所壓抑的事物，面對它且處理它，才能夠解決。唯有如此他才能接受他逃避與恐懼的東西，以更積極的方式經歷它。而那些「沒有意義」的夢境，其實傳達了重要的訊息。

我們可以想像一個狹隘、固執又缺乏包容力，而且生活體驗不足的人，他的生活會有多麼枯燥。具有強迫人格的人希望自己所做所為都是「正確」的，但他沒有意識到隱藏於背後的是他對於風險的恐懼。

當所有的事情都得依照原則進行，再靈活的規範也會變得死板，甚至變得無可救藥的僵化，譬如節儉變成了吝嗇，擇善固執變成了不可理喻、專制殘暴。單靠這些僵硬的規則並無法應付豐富多變的生活，所以他心中的恐懼仍然存在，於是發展出強迫症狀以及強迫性的行為。這些都與恐懼有關，恐懼逐漸內化。是「它」在強迫他，即使這個它毫無意義，他也沒辦法擺脫。強迫性的不斷洗手、強迫性窮思竭慮、強迫性記憶、強迫性的一再回憶某個片段，都屬於強迫行為，若能試圖擺脫或戒掉這些行為，心中的恐懼也將隨之被釋放。

雖然強迫性的症狀有許多種，追根究柢不外乎不敢冒險或主動去做一件事，只因為那件事太新穎、沒看過、沒保障、被禁止、偏離了日常習慣。如果每一件事都固定不變：桌上的東西擺得井然有序、對某件事的看法堅定不移、僵化的道德批判、無懈可擊的理論、不可動搖的絕對信仰——時間彷彿靜止不動了。如此一來，所有的事物都是可預測的，世界一點兒也不會改變，生活中只見周而復始的重複，原本活潑的韻律成了一成不變的單調。有時候這樣的態度中確實也會包含慷慨大度，但那種慷慨大度是悲哀的，因為他強迫自己這麼做，他缺乏彈性，不可能真正承擔，於是失敗也不讓人意外。

舉一個簡單的例子來描述強迫行為的原則，一場生命中常見的悲喜劇：試試讓房間保持一塵不染。你會因此體驗到那些想要讓無法停止的事物停下來、讓時間靜止的人，所體驗到的悲喜交加。就像往漏水的桶子裡添水一樣。灰塵是你想要避免的東西，而只要這個問題存在，打掃就會變成一種強迫性的行為。完全無塵或許可以代表一個人想要追求純淨，就好比追求完美的道德，而有人認為這樣的道德因誘惑而危在旦夕。把真正的問題轉移到瑣事上頭，造成了強迫性的行為；真的面對問題的話，不會引起強迫性行為。每當我們升起「必須做」什麼的不理性感受，行為本身並不是重點，應該探究的是我們透過這個行為想要逃避的問題與決定是什麼。

魏希爾（F. Th. Vischer）在他的小說《也有一個》（*Auch Einer*）中，用幽默的筆調敘述強迫人格的問題。書中的主人翁不斷地與「陰險的東西」奮戰，他經常因為突如其來的激動或發脾氣而吃敗仗，他把失敗歸咎於不明的陰謀詭計，再把這些假想敵塞進鞋子裡。當他「一不小心」把醬汁灑在他討厭的女同學的衣服上時，他覺得正是假想敵的陰謀在搞鬼，卻不願正視他對這位女同學的厭惡與惱怒。弗洛伊德的理論中常可以找到這類例子：失言、忘記、「不小心」撞到某個人等等；一不注意，被壓抑的東西就會跳出來，錯不在他，他也無從察覺自己的壓抑。這些意外之所以發生，或稍不留神就溜了出來，其實正洩漏了他亟欲隱藏的壓抑。

強迫症患者的情況若嚴重的話，會採取令人覺得恐怖的方式，以像是惡魔般的力量掌控著自己的生活。不難想像，在心理學不甚發達的古老時代，這類非做不可的強迫行為，即便知道其中顯然並無多少意義，仍然會被視為是惡魔附身，或者被當作是瘋子。而強迫症患者往往經驗到像是有人強迫他這麼做，因為這些行為是自我矛盾的，完全不同於他自己。

每一種強迫症都會有自創（與一般肉體上的不適做比較）病灶的傾向，而且很快就煞有其事，還會波及一向健康的部位。患者的生活變得愈來愈受拘束，充斥著強迫行為，這些我們留待後文再敘述。

強迫行為的發生可能也是為了抵抗盤旋患者心中、他認為必須加以壓抑的「邪惡」念頭、渴望和衝動。他將花費許多時間與精力與之苦戰。好比說，每當那些不堪、充滿罪愆、骯髒的想法或願望突然冒出來、威脅著他時，他便會加以反制，或許是嘴上唸一些神奇的咒語（「耶穌瑪麗亞約瑟夫」），或許立刻採取行動，譬如驅趕意識中不好的東西。情況嚴重時，這會導致患者懲罰自己，信仰狂熱者的某些作為即為一例，想想那些鞭笞自己身體、自虐的教徒。這些強迫行為的病灶很快會擴張勢力，好比說乍聽之下無害的言語、類似的聯想或概念，現在都成了他們的禁忌，諸如「六」這個字的英語會讓人想到禁忌的性事，只好唸成「一、二、三、四、五、啐、七」。這些症狀和想要保持房間一塵不染的行為一樣，讓人聯想起拉丁諺語：「大自然與生命毋須矯情，也不容壓抑，總是存在著。」

下面這個例子顯示，當我們有意抗拒某些事物時，我們所抗拒的將會神祕地再現：

> 一位具有強迫人格的女患者不斷清洗自己，下意識的要洗刷掉她「不潔的」性衝動，她覺得自己自慰的行為充滿了罪惡，所以得不斷清洗生殖器官。密集沖洗自己的「罪惡」，伴隨清洗動作而來的是禁忌的快感，她達到高潮，因此獲得滿足。而由於這「非」她所願，她也就不必有罪惡感，因為她很清楚自己是要保持貞潔的。

性被宗教譴責，認為性使人心懷罪惡（很遺憾時至今日這樣的觀念依然可見），因此導致了不少精神官能症。許多年輕人，尤其是青春期階段，對自己的身體懷有敵意，為的就是避免恐懼與罪惡感。他們不認為所謂的原始慾望其實是他們的本能，是青少年發育階段不可或缺的質素，是可以在課堂上或社團聚會或小組談話時提出的疑問。相反的，青少年們花了很多時間在接受堅信禮的準備課程，這些課程內容排滿了詩歌和教義問答，巧妙地回避了那些「尷尬」的問題。

幸好他們還可以互相討論彼此的疑慮。幾十年前，心理諮商還沒有蔚為風潮的時候，信仰導致人們對自己的身體充滿敵意，引發災難性的後果，而這樣的敵意往往是從自慰的行為開始；人們被告誡自慰有害身體與心靈，於是陷入惶恐之中，罪惡感如影隨形，當他們幾經努力卻無法抑止這個「罪行」時，不少青少年因此走上自殺之途。

強迫人格的感情世界

不理性的、衝破界限的、超越情感經驗的愛情，只會使強迫人格者惴惴不安。在愛情的領域裡，他自己的規則派不上用場，意志力蕩然無存，彷彿驟然罹患重病，使他失去了理智。這些都與強迫人格者所需要的安全感與權力感格格不入。

他努力要掌握與控制自己的情感。他覺得情感根本不可靠，過於主觀、搖擺不定，又容易消逝。熾熱的情感更不可信，飄忽無常且不理性，愛上一個人等於暴露了自己的弱點。因此，他在付出感情時十分慳吝，不輕易流露感情，也不太願意體諒伴侶。這種公事公辦的態度使得他在情感關係中，表現出異於常人的冷靜與清醒。

然而，一旦關係建立，他願意負起責任，也會堅持自己的決定。但他很難接受伴侶與他平起平坐，比較傾向一種垂直的關係：非上即下，鎚子或砧板——問題是，誰喜歡當砧板呢？感情關係變成了一場爭取優勢的鬥爭，憂鬱人格者因為害怕失去伴侶而萬般依賴對方，強迫人格者卻是出於權力欲望，想要根據自己的需求塑造伴侶。所以他不容許伴侶變得不一樣，把對方視為自己擁有的財產，必須按照他的意思行事。強迫人格者要求伴侶全力配合、完全順從，若對方不肯，關係就無以為繼。

從另一個方面來看，他認為關係是命定的，所以他願意承擔且充滿韌性。而他之所以忠誠，是出於經濟的考量。基於這些理智的理由，以及物質與安全感的需求，他願意走入婚姻。在他深入一段感情之前，常常要天人交戰好長一段時間，譬如訂婚很久了，婚期卻一再拖延。一旦下定決心，這段感情就不能分開，不論是基於宗教或道德原因，或者只是因為他不想認輸；儘管他或伴侶都感到痛苦不堪，或者對方打算放棄。

一位婦人問她的丈夫為什麼不同意離婚，她老早就說過了要離婚，況且他也覺得這段婚姻已經讓人無法忍受。但丈夫的回答是：「因為我們已經結婚了。」好像真有個不能摧毀的合約似的。

這個丈夫說這話的時候，既非基於宗教因素，也不是任何可以理解的原因，只是因為他結婚了。習慣及權力感是他採取這種態度的主因。除此之外，他寧可死守著這段婚姻，也不願意重新去冒險。這種態度會導致夫妻雙方仇視，互相折磨，把剩餘的感情通通消耗掉，只期待對方早日消失。

強迫性格愈是嚴重，患者的婚姻就如法庭上的針鋒相對，權利義務涇渭分明；婚姻這個形式被賦予太多價值了。只要不超出理智的範圍內，倒也相安無事。但是如果某一方想用形式取代感情的話，在敵意和權力欲望的影響下，權利會扭曲成了虐待。

一個婚姻出狀況的婦人去找律師，請他為她撰寫一份合約。合約中載明了性生活的頻率、每次行房時臥室的溫度。合約上還禁止她丈夫在房內抽菸，並明訂觸犯或未遵守這些規定時應該罰多少錢。假使她的丈夫在合約上簽字，她就願意與他維持婚姻關係。她堅信這些建議合情合理，唯有這麼做婚姻才能繼續。

她一一列出條件，卻沒有認真面對問題：她已經感情不再，只是想要達到自己的要求。

遇到緊急關頭或需要溝通討論的時候，強迫人格者往往很不理智，即使他知道自己站不住腳，卻還是不肯讓步。他執著於過往，數落伴侶的不是，舉證歷歷，說對方以前做錯了什麼，現在又明知故犯，以及犯錯的次數等等。說不通時，他的堅持通常很古怪，卻不曉得要改變自己；上述的例子即是如此。做妻子的不多談感情，提出自以為良好的建議，訂下規矩，要伴侶和自己遵守。或者如果妻子抱怨星期天丈夫只專注於自己的嗜好，而她無聊得要命，希望兩個人共同做一些事的話，做丈夫會妥協，然後提議一週給自己的興趣，一週與妻子共處。他會遵守這個計畫，從中感覺到自己的奉獻與辛勞；但這些是他一廂情願，他自以為仁至義盡，負了該負的責任。雖然他賣力演出，妻子仍然察覺他心不在焉，因此很不滿意，對他提出更多的要求。他驚訝萬分，而且十分惱火，於是再也不履行義務了。

這樣的情況適用於許多強迫人格者的行為，他們常常設法解決與伴侶之間的問題，但是對方根本沒有得到想要的結果：生活的樂趣、自發性的行為、情感流露、更多變化與快樂。而強迫人格者面對這些「要求」（他不得不這樣想），只覺得伴侶對感情簡直需索無度，於是兩個人過著沒有交集的日子，問題像盪鞦韆一樣愈盪愈高。

在強迫人格的伴侶關係中，時間與金錢，也就是守時與節儉，是很重要的事；這是權力與角力、規律及堅持的展現。食物必須「分秒不差」端上桌，家用要分類詳細並且計算得分毫不差，做丈夫的必須把薪水悉數帶回家，以及分配零用錢等等。添購必需品也可能演變為一場悲劇，落入無止盡的討論是否真的需要那樣東西、伴侶是否浪費無度或使用東西時粗手粗腳，所以才「又」要買新的了。在這樣的婚姻中，金錢常是引爆危機的導火線。

父權制度下，占盡上風的男人其實是靠著妻子的犧牲才得以保住婚姻。單單看「夫妻義務」這一項，在性方面妻子所受到的貶低就是一例。下一章討論歇斯底里人格時，我們將會看到一位妻子的報復。在父權制度下，婚姻形同掌握在男人手裡的規範，剝奪了妻子的行為能力，對待她就像對待一個長不大的孩子，讓她處於完全依賴的狀態。

對一個嚴重的強迫症患者而言，伴侶的「功能」再重要不過，對方必須守時、精準、值得信賴、不出狀況，如同一架上好油的機器，沒有自己的想法，甚至沒有任何情感上的需求。相較於情感互動及相互付出，兩人之間只存在著條件與規定，而且都是他要對方遵守的。我們可以想像，這樣的婚姻像是按表操課，會有多麼冷冰冰，就連性生活都和火車時刻表一樣刻板，比較像是履行義務，沒有情感，更無情調，只不過是「時候到了」大妻倆才交合。

對性的態度，一如其他的生活樂趣及享受，會隨著強迫人格的嚴重程度而加劇，尤其性生活經常也屬於「計畫」之一，氣氛冷靜理智，完全沒有熱情。通常這樣的人第一次邂逅異性時就不太美妙，再想想新婚之夜經常發生的尷尬與災難。他對伴侶不夠體貼，對性愛缺乏幻想，感情生活就像朝錯誤方向駛去的車子。強迫人格者的性時常帶著虐待的色彩，他希望強迫伴侶，親密關係中混雜著權力欲望。

伴隨著性而產生的羞恥和罪惡感會讓親密關係變形，折磨人、不愉快、不帶任何幻想，只能依照特定的模式，在訂定好的條件之下進行。情況惡化時，患者必須靠著懷疑、厭惡感來武裝自己，做為應付這些「禁忌」行為的屏障，下面是一個關於這種情況的例子：

一名年輕男子認識了一個女孩，他非常喜歡對方。第一次看到她之後，他就陷入苦思：「我們的關係（八字都還沒一撇）會有什麼結果呢？那女孩來自一個怎麼樣的家庭？她會不會已經和許多男人交往過？她身體好嗎？她對愛情的看法為何？萬一她懷孕了怎麼辦？我會不會被她傳染什麼病？她的嘴唇好性感，天知道她是否跟每個男人上床？我幹嘛要和她交往呢？誰能保證我不會失望？沒有一點是有利的……我還年輕，需要現在就定下來嗎？（又離題了）」

我們看到他如此謹慎、自我保護，必須先排除所有預見的壞事，運用他細如髮絲的理智，這樣他就不必下決定或採取行動，也就不會冒任何風險了。這位年輕人還有其他的強迫人格，比如說他過去幾個學期裡常常在思索一個問題：參加畢業考的時候應該打哪條領帶，思考一番後又把領帶放回衣櫃。他也飽受強迫回憶之苦：與某個人交往一段時間之後，他會重返記憶中的現場，思考自己及對方說過的話，看看有沒有讓人感到難堪的地方，或者別人的言談中是否有針對他的弦外之音？他得花上數小時的時間重新建構這些談話。這是過度小心的徵候，尤其是無法隨興自主。

強迫人格者追求成就的欲望常常表現在性上。對他而言，性意味著他的能力、生殖能力，而伴侶就變成他證明自己能力的一個物品。在強迫人格者的身上不難發現，他們對性與金錢的看法很一致：一方面希望別人知道他們有「能力」，一方面也害怕自己能力有限，所以他們必須好好分配，免得浪費了「子彈」；用錢的態度也如出一轍。

肉體歡愛之於他們極其脆弱敏感，受制於特定的條件：聲響、氣味、燈光，以及各式各樣外在因素，都會對他們造成干擾而失了興致。有些患者在性活動之前得花很長的時間洗澡，對即將發生的親密關係興奮不已；另一種情形是他們藉口必須先完成某些「義務」以壓抑興奮的情緒，例如先整理房間或者先把某件事做好。他們也喜歡拿疲倦、工作當作藉口，伴侶很容易被矇過去。要他們大方享受身體的歡愉比較困難。如果他們認為伴侶充其量是自己的財產，就會變得吃醋善忌，而這比較是一種權力展現的問題，認為對方不應該奪走他們的權力。如果伴侶試著要掌控他們，他們會設下更多限制以保護自己的權力，結果情況只會愈來愈糟。貞操帶恐怕就是強迫人格者所發明的。

強迫人格者往往把愛與性、情感與感官分得清楚。這表示他們難以期待從所愛的人那裡得到他們想要的性，只能從不愛的人那裡得到。性之於他們是有所玷汙的，會有損對方。這樣的人不乏深深迷戀某位女子，卻找妓女上床的例子。

有輕微強迫人格的人通常不是感情熾熱的情人，但對自己的感情很忠誠也很可靠。他們的情感始終保持一定的溫度，伴侶會覺得有安全感與支持感，也認為對方充滿責任感。婚姻生活中，他們是未雨綢繆的伴侶，從正面的意義來看，這樣的關係很像一個「療癒」團體，彼此尊重、愛護、富責任感。

強迫人格的侵略性

強迫人格者在面對自己的怒氣與衝動時也有些麻煩。他們太早學會控制自己的情緒；如我們所見，這樣的反應是基於恐懼。他們從小就知道要壓抑自己的怒氣、憤恨、藐視和敵意，要不然就會被懲罰或不被愛。然而，生活中不可避免會有這些情緒，怎麼辦呢？他們的自我其實發展得比憂鬱人格者來得強一些，孩提時代的他們或許不曾經歷失去的恐懼，所以毋須隱藏自己的情緒，只是因為害怕受罰而壓抑表達。讓我們來看看處於這種情況下的各種可能表現。

最常見的是，他小心翼翼與自己的憤怒以及衝動情緒相處，猶豫著該不該告訴別人自己很生氣，同時也很懷疑這樣做的後果。萬一他真的把怒氣發洩出來，事後往往試著滅火，要不輕描淡寫帶過，要不就是收回才說出口的話，下面是一個例子：

一位患者在某次治療時忍不住數落妻子的不是；事實上，他有充分的理由生氣，但他說著說著立刻退卻：「我當然有點誇大其辭，也不是真心這麼想，請您千萬別誤會，不然您對我的印象可能會有些偏差。我和我太太其實處得還不錯。」

看得出來，一旦說出負面的話語，他自己就先嚇一跳，滿心的不安；有時候這種滅火的傾向會轉為求和或懲罰自己。

尋求解決衝突的辦法時，強迫人格者會訓練自己要先三緘其口。靠著克己的態度，他讓激動的情緒消退。他認為表達怒氣意味著受怒氣操控，無法掌握自己，他認為這種行為太不高尚了。一個人若能控制自己的情緒未嘗不好，但假如他苛求自己，把內心所有不滿通通關起來，當積累的不滿愈來愈多時，他愈是需要時時控制自己，以免哪天潰堤失控。一位婦人的強迫症就是這樣發展出來的：她從來沒有把對丈夫的不滿說出來，結果變得害怕刀子和尖銳的器物，一看到就得馬上拿開；如果她看著那些東西太久，壓抑的情緒就會被引爆，誰知道她會做出什麼舉動。假使她向丈夫攤牌，兩人好好溝通，她胸中的怒火也許就不會這麼嚇人，這都是日積月累的結果。

強迫人格者處理進退維谷的窘境的另一種方式，是把自己的憤怒合理化。有些時候這麼做倒也無可厚非。然後他會對所有他禁止的行為宣戰，不斷犯規。正因為如此，狂熱分子才會無情、絕不妥協、不顧一切反抗那些本能的、道德的或宗教的主張。他的憤怒並不像憂鬱人格那樣衝著自己而來，而是針對外在的人事物而發；他自認理由充分，雖千萬人吾往矣，良心平靜得很。不難想像這種情況有多危險，要為自己的怒火尋找出口並不難，何況他認為自己這麼做是對的。這樣下去，他的怒火會一發不可收拾，甚且以為自己的出發點十分神聖。

一個人之所以會生氣，大多是因為他認為有價值或重要的規範被牴觸了；這一點在健康的人與強迫人格者身上的界線十分微妙。倘若強迫人格者把自己的不滿染上理想主義的色彩，形成一種集體的意識，情況會變得很棘手，德意志第三帝國時期迫害猶太人、戰爭中殲滅敵人的殘酷手段，甚至是教會的懲罰，就是最好的例證。

「合理化」的憤怒有個比較溫和的變形，是吹毛求疵，這是在壓抑情緒的情況下，最常見的怒火表達方式。不過強迫人格者並未全然意識到自己的怒火。用吹毛求疵、乃至於虐待的方式來轉移激動的情緒，例子不勝枚舉：眼前有人排隊等待洽公，而他只消動動手指就能辦好那個人的事，卻仍然分秒不差關上窗口的公務員；執著於無關緊要的標點符號，對無可厚非的小錯斤斤計較的老師；一定要學生一字不差地說出他心中既定的答案，才讓對方得分的考官；拘泥於法律條文，認為犯罪就是犯罪，忽視犯罪動機的法官。我們還可以舉出更多的例子。這些人都用表面看來合理，實則是雞蛋裡挑骨頭的方式在發洩心中的不平，濫用權力，偽裝自己的行為是有原則的，而且是為了堅守價值。這正是強迫人格的可怕之處，他們為自己的行為安上價值，讓人難以看穿他這麼做其實只是為了自己。不可否認，凡事都有規矩，但應該靈活有度，絕非只是無轉圜餘地的死規矩；道德風尚確有其價值，但絕不是吃人的禮教。

根據這個前提，會導致一種我們所謂的服從訓練，也就是以正當的理由讓人不得不接受。我們已經知道，強迫人格者的憤怒通常代表他們執著於規矩和原則，他們喜歡說「根據某個規則……」，而這通常和他們的權力欲望有關。所以要證明他們的怒氣並不容易，他們通常會把怒氣連結到超越個人的事由，把個人的怒火隱藏在這些原因之下。

另一個強迫人格者的特徵是將怒氣與權力欲望結合。不同於分裂人格者基於恐懼，對怒氣採取排斥、自我保護、不反應的態度；強迫人格者的重點在權力。他們的憤怒是為權力服務，而權力又為他的憤怒效勞。因此我們看到職場上具有權力的一些強迫人格者，以規範、風紀、法律、權威等等為名，作為合理化自己怒氣的方式。不少政客或多或少具有這種性格，軍隊、警界、公務員、法官、神職人員、教師及檢察官中也不乏這樣的人物。這取決於個人的性格是否成熟，以及如何看待權力與怒氣。社會的種種規定及階級觀念，給予強迫人格者很多機會隱身於修飾美麗的原則之下，好讓他止當地發洩心中的怒與恨。家庭、學校和教會是小孩接受教育的初始環境，這些服從訓練以及冷漠的教育方法，包括讓學童充滿罪惡感或懲罰他們，滋養著日後形成強迫人格的土壤——這些在下一章將再深入討論。

要用文字來形容強迫人格者的憤怒的話，唯有**狡猾**這個詞，也就是憤怒被包藏在詭計多端的懦弱下，埋伏暗處出擊。在幼年時因表達憤怒的情緒而受過處罰的人身上，可以看到這樣的特徵；他們不被允許表露自己的怒火與激動，只能偷偷來，而且是在事情過後表現出來。這種行為與陰險、狡詐、「披著羊皮的狼」只有毫釐的差別。

因為表達憤怒情緒而受到懲處的小孩，還會衍生出另一種後果：他會以為自己的所感所受並不正常，他沒有學會與自己相處的正確方法，覺得這個軀殼「不屬於自己」。要喜愛自己的身體，必須要能自由操作它；與此相反，則是必須小心翼翼不讓自己「撞到別人」★。於是乎，出現的症狀不僅是他的手腳常不聽使喚，舉手投足之間也極其不自在，情況嚴重時會變成人們口中的闖禍精，做什麼都不對。這種人的憤怒就只能靠前文提到的失誤來表達，他笨手笨腳、不靈活、到處

★譯按：引起別人的反感。

闖禍，「不小心」表露了他的不滿，看似沒有心機。透過這些行為，他其實宣洩了心中的怒火和激動：一個不小心價值連城的花瓶從他手上滑落，而他原本只是想要澆點水罷了，或一個踉蹌就把燈給撞倒了等等，我們雖然生氣，對於他惹出來的麻煩卻沒轍。他很享受這種特殊待遇，而我們在面對這樣的人時，也有某種程度慈悲為懷的優越感。他原本該為自己的粗手笨腳感到抱歉，但報復手法可以如此細膩，偶爾他還會換取到更多的勝利：我們不讓他做任何事，因為他總是搞砸，於是他成功地擺脫掉那些惱人的工作。

附帶一提的是，伴隨著時時刻刻全神貫注、超乎尋常的自我控制而來的，是疑神疑鬼的自我觀察，而這其實也是表達憤怒情緒的一種方式。他利用自己的疑心病以及相關症狀來折磨身旁的人，搗毀所有歡樂的氣氛；他似假還真的問題可以成為全家人的災難。

我們可以再敘述兩種表達憤怒的管道，其中一種患者不自覺地宣洩心中壓抑的憤怒，所以不覺愧疚：懶散、囉嗦、猶豫不決，不僅折磨人，還增加別人的負擔。這是隱藏憤怒的一種微妙的方法，好比那些出門參加音樂會、觀賞戲劇之前，梳妝打扮沒完沒了，把伴侶逼得大動肝火的女性，或者對一些小事窮追不捨的男性。例如曾一位強迫症病患希望向我解釋為什麼他今天遲到了「快兩分鐘」：「像往常一樣，我準時於傍晚六點十五分離開辦公室，跟平常一樣走向巴士站，巴士晚了快三分鐘才到，但司機又追回了一分鐘。我就這樣被誤點，下車趕到您這兒，我快步走著，希望追回一點時間，但被一位問路的女士攔了下來，我當然得停下來告訴她怎麼走，這費了我一點兒力氣，所以到您診所的最後幾公尺我是用跑的。」如果遲到兩分鐘真的值得大書特書的話，他大可一句話就交代完畢：「對不起，我來晚了。」另外也有一位病患來診所時，撳鈴時總是分秒不差，她認為這麼做足以證明自己的精準：來得太早，別人會以為她迫不及待，一分鐘都無法多等；若是來得晚，別人會以為她沒禮貌，或心不甘情不願。

還有一種變形是態度保留，除非經過深思熟慮，絕對不輕易付出。強迫人格者以這樣的態度作為出氣方式，宣洩心中隱約的怒火。連微不足道的東西都要妻子懇求再三才勉強答應的丈夫、用沉默對待別人的人，都屬於這一類型。總而言之，強迫人格者漠視別人的要求比真的幹出壞事的傾向來得強烈，這樣的罪過事後更加難以求證。

與此相反的是咄咄逼人式的迫不及待，也就是俗語說的碎嘴子，喋喋不休，時間都花在講話上頭，一開口就不知道要停下來。最後我們要提的是抱怨，也是強迫人格表達憤怒的典型之一。

如果害怕處罰、良心不安及罪惡感太過強烈，壓抑了他們的侵略性衝動，以至於上述提及的發洩管道都失靈了，他們就會出現身心症狀。心臟、血液循環方面的問題（尤其是中風前兆的高血壓）、全身痠痛，甚至引發偏頭疼、睡眠障礙、腸胃不適（腹痛），都是長期壓抑情緒和憤怒的結果。在他們的內心裡，表達憤怒的渴望與壓抑憤怒的想法不斷交戰，看著別人以自己的方式做事又想要控制別人。心中的壓力日積月累，一旦崩解，他的行為會變得橫行無忌，火爆無比，想要摧毀一切。里爾克（Rilke）在他的小說《馬爾泰手記》（*Malte Laurids Brigge*）中，對這種人格有生動的描繪。再舉一個因為壓抑導致身體不適的例子：

> 一名位高權重又自我克制的男子，與同事朋友之間保持著公事化及中立的關係，幾乎沒有任何情感成分，也不帶情緒。從他身上嗅不出悲傷或高興，生氣或不耐煩——沒有什麼可以讓他覺得難受或被激怒。他自豪於能夠掌控自己的情緒，總是覺得高人一等。但工作上難免有讓人生氣的時候，一旦他心中升起火

氣，基於威信與自我形象，他便將之壓抑下來，日積月累導致他的心跳加速、心臟不適。顯然他的武裝不如自己所以為的堅不可摧。當他的職涯發展不順時，這些症狀變得更加嚴重，醫師說如果他還是無法放鬆心情、減少壓力的話，極有可能會心臟病發作。而他的壓力並非來自工作，關鍵在於他極度且不正常的自我克制，以及缺乏情緒宣洩的管道。

鐵血宰相俾斯麥（Bismarck），每當他胸中塊壘難消的時候，就會盡情地哭到抽筋，嘴裡咬著毯子。那些礙於形象地位不容許自己宣洩情緒的人，最後往往落入悲劇下場。

我要再舉一個壓抑怒氣且屬於強迫人格特徵的例子：有些人會將那些對他們負有責任的人給理想化，從而讓對方變得看似無懈可擊，這樣他們就不會陷入怒氣或不滿；孩提時代之後，這樣的狀況主要是落在師生關係。基本上來說，這表示一個人依然把自己視為兒子或女兒的角色；在宗教領域也可見到這種狀況。

環境因素

我們現在要討論的是，什麼樣的因素和環境造就了強迫人格。本質上來說，特別活躍的身體侵略性、性別素因以及自我膨脹的傾向是重要關鍵；任性與獨立的性格特質也相關。一個動不動就發脾氣、讓父母覺得頭大，也因此常常要制止其行為的孩子，相較於那些比較安靜乖巧的小孩，就更容易出現強迫性的人格。然而，溫和、配合度高、容易妥協讓步的個性，有的時候也會形成強迫人格，因為這樣的孩子不允許自己自由地表達情緒，只是一味順從。有些人天生就想很多、事事講求完美、執著於過往，不斷追憶其中每一個細節，所有印象都深深烙印在他心底，可以保存好長一段時間。在此又碰到了一樣的問題，我們沒辦法準確地說出，到底什麼樣的性格、環境因素或教育方式會形成強迫人格。我們永遠也找不到完美的解答；除非把同一個小孩放在不同的環境裡成長，才能觀察出變化。可以確定的是，在探究環境造成的影響時，不該忽略患者的性格。我們常常把重點放在環境因素，而忽略了性格傾向；同樣的，我們也會因為強調遺傳因素，而低估了環境的影響。環境因素是什麼？對永恆以及安全感的需求要有多強烈，害怕人事物消逝或改變要到何種程度，才會形成強迫人格？

想要瞭解這些，我們就必須深入探討前文提及的，早期發展階段中的兩個質素。在二到四歲期間，孩子開始學習什麼可以、什麼不可以。不被要求、天真無邪、短暫的天堂歲月，從此宣告結束。他第一次與所處的環境產生衝突，發覺自己的渴望和衝動有所牴觸，他的意志也與教養他的人不同。現在他到了別人可以要求他做什麼的年齡。他也有了自我的意識，自我的堅持，想要自由走動，按照自己的意思說話；他開始踏進這個世界，和這個世界互動，而在先前的階段，所有他需要的東西都是別人為他準備好的。現在他愈來愈能夠表達自己的希望與情緒，不論語言或其他方面；他四處探險征服，測試自己的力氣，嘗試用自己的意志做出反抗。

完全依賴母親的時期已經過去，現在的他正處於脫離的階段，獨立自主的傾向日益強烈——他第一次說出「我」的時候，表示他知道自己與母親是不同的兩個人，而過去他還沒有你我的觀念。他的運動能力與日俱增，對自己身體的主導性也增強，對於周遭環境的侵略性、擴充性與自我意志也逐漸加深。他在跌跌撞撞中學習抵抗，也經驗到周遭環境對他行為的反應。因此，他體驗到自己的能耐、力量與限制。在這個發展階段，他學習到另一個重要的課題是，搞清楚什麼是可以做的、什麼是不可以做的，也就是好與壞的初步分類。每個孩子都必須在自我意志與服從、自我主張與適應他人之間找到個人的解決之道。而這樣的解決之道往往又受到他的性格、所處的環境所影響。

對於自我意志與服從的第一次重要體驗，是如廁訓練，關乎孩子未來的行為模式。這樣的經驗是孩子發展出健康的自我決心，或者挑戰與順服的態度的重要基礎：大人有沒有給他充足的時間，讓他一步一步學習？是強迫練習，還是很早就以強制與處罰的方式逼他就範？孩子的能力日益增加，他會有所需求、與世界互動、總想要做些什麼，這些都會讓他與這個世界產生衝突，讓他覺得困惑，以為自己「不乖、不聽話」。二到四歲的階段，孩子開始有向外擴張的衝動，形成了自我意志，他的學習模式會塑造出他的行為模式，性格也由此養成。

這個時候格外重要的是，如何以及何時讓孩子知道規矩與禁止做的事。通常直到他們體驗到好或不好之間的差別，才會知道自我意志與服從之間的不同。他聽到大人說「你應該」、「你不可以」、「現在不可以」等等，他體驗到如果聽話就是乖，反抗的話就會被說是不乖。太早或太晚讓孩子面臨這些情境、大人的做法過於僵化強硬、態度鬆懈或不堅定，都會造成孩子反抗。如果教導的方式充滿愛，孩子就會被導向出於自願完成任務——如何執行自己的意志、如何自主，都是早期陶鑄出來的能力，並且形塑孩子日後的行為模式。孩子長大後是否具有健康的自我意識、意志力以及勇於做自己，能否挺身反抗威權或乖順配合，都是在這個階段養成的。強迫人格亦同。

個人意志與他人要求之間的衝突經驗，在孩子身上淺植了自由與意志的鍛鍊，以及受環境條件影響、心理分析上稱之為「超我」的道德感是強是弱。這也會影響孩子自主的程度，或者傾向克制自己，變得過分拘謹。孩子會把周圍環境對他行為的反應加以內化，但也會像個法官一樣對外部的命令與限制做出異議；他繼續吸收學習，被環境所雕塑。

發展出強迫人格的人，他的人生道路往往充滿了嚴謹的規律，幼年時期很早就被訓練要克制自己的情緒、不可以動怒、抑制衝動。如果他表達自己的想法將會受到處罰，或者必須把自己的感覺吞下去。對於正值發展學習能力、行為模式定型的成長階段的孩子，這些情緒本屬平常，可以讓他獲致更多的獨立自主。觀察每一位患者及研究他們的行為結果，都可以看到幼年時期的印象與經驗有多大

的影響；他們很容易根據所學習到的經驗建立起特定的行為模式

通常問題是這樣開始的：在小孩所處的環境裡，任何事情都有一定的規矩，不遵守的人會被視為不乖。身邊的人對他的「錯誤行為」的反應是：責備、警告、威脅、不愛他以及處罰。不難想像孩子會認為自己的行為不符合這個環境的期待。舉例而言，要是他太吵了，或亂扔東西，或弄壞了什麼，媽媽不滿、譴責的眼光就會射過來，或者處罰他。他再三經歷這些，於是至少會變得小心翼翼、克制自己，然後也許開始缺乏自信、拘謹不安；每當他想要做什麼的時候，心中的恐懼驟增，害怕踏入危險的方向，當下便會緊急煞車或按捺衝動。

環境與強迫人格的發展之間的關係顯而易見：活潑、衝動、精力旺盛、脾氣不好的小孩，當然比安靜乖巧的孩子常挨罵與被管教；倘若斥責無效，父母就恐嚇不再愛他，要不然就是處罰一頓，這些後果都頗為可觀。

要孩子過早接受如廁訓練、必須乖乖坐在餐桌旁把飯吃乾淨、不許弄壞東西、不可以表達情感，即便有理由，這些都是不適當的要求。這裡有一個荒唐的例子：有個家庭要求小孩子在用餐時腋下夾一枚硬幣，這樣兩臂才不會張得太開；他們說這是學習所謂的餐桌禮儀。

想當然耳，循規蹈矩的孩子比較討父母歡心，周圍的人也會讚美他們懂事，他們的乖巧證明了家教成功，讓父母覺得有面子。想想大城市的居住空間，如果沒有適當的遊戲場地的話，小孩子簡直像在坐牢，根本沒有地方供他們發洩滿滿的精力。如果孩子很小的時候就必須學會注意自己的舉止，控制自己，不僅會讓他們飽嘗束縛之苦，害怕受罰、罪惡感也將折磨著他們。

對這種年紀的小孩而言，弟妹們接連出生也是一項課題；想想該隱殺害弟弟亞伯★的問題。已經具有自我意志且會惱火動怒的孩子，把弟弟妹妹視為競爭對手。若是做父母的不瞭解他的心情，不知道要減輕他心頭陰影的話，情況只會更糟，他對弟妹的敵意與不滿轉化為罪惡感，很早就形成了強迫人格。

有個男孩是獨子，他母親經常犯偏頭疼，不喜歡被人打攪，而且十分敏感，所以每當他從花園或外頭回家時，都必須在進屋前把鞋子脫下來，免得發出聲響或弄髒地板。他在屋子裡玩耍的時候，常會想要拿什麼東西給媽媽看，但跑進房間時若把地毯緣飾踩亂了可不得了，媽媽會嘆著氣責備他不小心，接著拿梳子把地毯緣飾梳整齊，卻忘了他只是一個調皮的孩子。這孩子一天到晚聽到的都是：

★譯按：舊約創世記第四章。

「現在別來煩我，沒看到我頭疼嗎？我在看書，很忙，沒時間。」

我們可以想像長時間處於這種情境下，會產生什麼後果。

從一位初為人母者所寫的日記內容來看，孩子有可能在更早的階段就形成強迫人格（第一次當媽媽的人常有強烈的企圖心，事事要求正確，還參考了不少相關書籍）。日記記載了小孩出生後第一年的情形：

你才三個月大我就教你坐便盆，你必須盡快學會衛生習慣。你是個毛躁的小孩，要是不好好吃奶，我得狠狠打你屁股，直到你學會安靜喝奶為止。後來我只要瞪你幾眼，你就立刻變乖了。我很早就曉得你不可能有多倔強，就像我在書上看到的一樣：要即早制止孩子反抗。因此，每當我要離開房間，而你大哭大鬧的時候，我也會狠狠打你屁股。一開始你哭得更厲害，但我不管你，直到你哭累了。顯然你只是想氣我。然後你就變得可愛乖巧了，到後來我根本不需要和你較勁，大家都讚美你乖得不得了，使一下眼色你就能意會。有時候我得說服自己才能這麼嚴格對待你，但我知道這都是為了你好，而且我想以後你會明白的。因為愛你、要給你最好的，所以我才會這麼嚴厲。這幾年你爸爸在戰場上，我得一個人扛起全部責任。等你爸爸回來時，他會有一個守規矩的乖兒子。

從這個例子我們看到，太早就學會克制自己衝動、乖順聽話、知道不要吵鬧的孩子，這些特質隨著時間漸漸成為他的「第二性格」，變成一種反射性動作，自動地控制著他。日後他會在自己的衝動和行動之間踩煞車，造成一條裂縫、一個斷層，因為他得先想清楚這樣做是否太冒險，或者最好放棄。如此一來，由於這樣的斷層與思慮，他的衝動變得脆弱不堪，他沒有辦法貫徹自己的主張，陷入懷疑的夾縫中。接著懷疑持續擴張，變成了強迫性的懷疑，每一個湧上心頭的衝動都必須立刻作廢。

由此我們可以發現，**懷疑**在強迫人格中扮演著極為重要的角色。懷疑可以保護他免於因自由而造成的危害，免於受到誘惑而事後懊惱。懷疑不可或缺，變成了目標，取代了真的主動去做些什麼。這樣的懷疑可以追溯至早期的生活經驗：我可以做自己，按照自己的意思行事，還是得服從別人，打消所有衝動念頭——做「好」人或「壞」人。換言之，我想做的事究竟好或不好呢？這種懷疑使得強迫人格者傾向躊躇、猶豫、推拖拉，一不小心就像那頭在兩捆乾草間餓得發昏的驢子一樣，因為牠無法決定先吃哪一邊。強迫人格者欠缺的是採取行動的勇氣，他害怕受罰，於是下不了決心。要做決定的時候，被養成的恐懼（害怕依衝動行事）和心中原始的衝動之間的衝突讓他舉步維艱。童年時期如何處理衝動與害怕受罰之間的抉擇，將決定強迫人格的嚴重程度。

強迫人格者認為一旦做出決定，這個決定就必須是最終的、不容改變的、「百分之百」正確的，否則懲罰將接踵而至。如果我們明白這一點，就比較能夠包容他們的猶豫不決。即便在決定無關緊要的事情時，他們也有困難——心懷一步錯將滿盤皆輸的恐懼。

強迫人格愈嚴重，愈是對有意義的活動心存懷疑。他們像上了癮一樣疑神疑鬼，變成一種反射心理，每個想法都必須提出反證做抗辯。假如衝動與壓抑衝動的反差愈來愈大，不消多時就會出現以下的現象：一開始是停頓，也就是衝動與壓抑之間的裂縫愈來愈大；接著，間隔的時間愈來愈短，繞著「是／不是／是／不是」打轉，表現在身體上的可能是發抖或口吃，不斷想著可以做什麼、不可以做什麼，想說什麼、不可以說什麼。最後，衝動與壓抑暫時告退，變成麻木及緊張呆滯：一個人若想說話又咬緊雙脣，欲出拳還擊卻又拚命克制，想當然耳就動不了。情況繼續惡化，他感受不到刺激與衝動，意識中這兩者從此缺席，取而代之的是拒絕和反射性動作，心中正要產生某些想法時，當下就勒死這些衝動。

強迫人格者在幼年時期很早就體驗到世界上許多事都得依照一定模式進行，因此他認為若要求追求完美正確，他就應該變成一位追求完美的人，完美主義在他手上變成原則，所有事情都依照他的看法加以條件化。

在混亂的環境中長大的小孩，也有可能發展出強迫人格；這是屬於一種反作用、抵償的性質：他在他的世界中找不到方針，沒有駐足點，愛怎麼樣就怎麼樣的自由讓他產生恐懼，因為那可能表示無常。因此，他只好向內尋求停泊的港灣，同時嘗試從自身發展出秩序與規律，以便棲息其間，獲得安全感。外在環境讓他覺得危險，只好靠著愈來愈嚴重的強迫人格撐下去。

強迫人格的故事

這裡要舉一個具有強迫徵兆，但並不特別顯著的強迫人格的例子：

一位教養良好的年輕男子在舞蹈班舉行的畢業舞會結束之後，帶著他的舞伴回他家。他很喜歡這位小姐，走在路上時突然興起摟著她親吻的渴望，他被自己膽大的念頭給嚇壞了，很擔心自己會失態，更擔心遭到對方拒絕。於是他開始數起街上的樹木；這麼做可以讓他分心，平撫摟抱親吻的念頭。他突然想到，每當自己心有所盼，處於害怕或罪惡感交織的情境時，就會隨便找個眼前的東西來數。靠著強迫式的數數，他可以擺脫自己的鹵莽衝動，不必立刻做決定，也不必當下採取行動。他會一直數下去，直到那個誘惑消失為止。他沒有察覺到自己的異常，只是不明白為什麼要強迫自己這麼做，他感到困擾又煩惱。

從這裡很容易可以觀察到強迫徵兆的動機、形成、不可自拔以及功能：誘人的情境是動機，讓他夾雜著害怕的心情；他不願意在放棄或行動之間做決定，於是把自己轉向一個中性的行動，好讓自己分心，保護自己什麼也不必做，直到危險過去。

這位年輕男子還有一段家庭故事：

他母親很年輕就守寡，具有明顯的強迫人格。丈夫過世後，她竭盡所能讓房子保持丈夫生前的樣子，吃飯時也一定擺上他的刀叉。她小心翼翼依照亡夫的模式拾掇書桌和書本，理由是：如果爸爸哪一天回來了，一切都應該和他離開時一樣。家中頗有博物館的氣氛，滿是神聖的傳統，爸爸生前的觀點和話語統御一切，變成不容抗辯的真理。因此，身為獨子的他，心中的父親形象遙不可及——沒有缺點，臻至完美。這影響了他與女性的關係：從母親那兒他得到的印象是，女人細緻溫柔得不得了。相形之下，男人都是粗野的小伙子，不曉得如何與女人相處；但他父親是個例外。有好幾年的時間，他的生活只繞著母親打轉，但他不會黏著人不放，始終體貼周到，把母親「捧在手掌心」。當然，他也要像爸爸一樣才會贏得芳心，他必須成為母親朝思暮想的那種模範男人。

當他的強迫症狀不足以保護他免於衝動時，他需要建立更多的安全感。好比說，一想到性，即便只是想想，他馬上就會打開防禦傘。面臨棘手的處境時，他的意識就會產生失調，突然之間無法思考，達到脫離險境的效果。有時候他會忽然感到疲勞。總之，強迫自己不受誘惑、避免衝突的方法不勝枚舉。

B先生飽受週末症候群所苦。每當星期六來臨前，他就莫名的害怕、感到罪惡，對什麼都提不起興致，身體也出現不適，疲憊、頭疼、全身無力，有時嚴重到像一隻鬥敗的公雞。這情形會持續到星期天，直到星期一下午便自動消失，規律得讓人猜不透。做了很久的心理治療之後，才找出造成他痛苦的背景原因：

B先生父母的婚姻關係可說糟糕到極點，每個週末都是一場災難，爸媽必定喝得爛醉。他們會大聲爭吵，動手打對方，把當時還是小孩的B先生和他妹妹嚇壞了。兄妹倆很擔心盛怒的爸爸會對媽媽不利，也許失手把她給殺了，畢竟他常常帶著醉意威脅要這麼做。隨著恐懼而來的還有恨意，尤其痛恨爸爸。他一喝醉就極盡羞辱兒子之能事，而酒醒之後他的情緒會來個大逆轉，無限慈愛的要兒子親他一下，做兒子的怕死了，滿心厭惡卻也只能照辦。

星期天晚上兄妹上床睡覺時，經常聽到爸媽激烈爭執的聲音，威脅著要離婚等等。星期一一大早爸爸就上班去了，媽媽還醉得不省人事，小兄妹自己做早餐，這樣就可以不必與母親打照面。星期一的學校生活特別難熬，一方面恐懼如影隨形：星期天晚上他就寢之前到現在都沒有見到父母，天知道家裡這會兒變成什麼樣子了？媽媽會不會真的離家出走？同時，他為家裡發生的這些不堪感到羞恥又悲傷，使得他無法像其他同學一樣，高談闊論週末過得多愉快。他根本不和同學聊天，免得同學們知道他家不足為外人道的醜事。他對父母的恨意又升高一級，心中百味雜陳，同情之餘，他很清楚爸媽彼此折磨，兩個人都不快樂。

星期一下午他回到家，看到一切如常，恐懼感便隱身退去，他鬆了一口氣，希望從此天下太平；這種情況可以維持到下一個令他如臨大敵的週末來到。週末對他而言從來就不輕鬆，也無法享受休閒時光，父母的事情不僅在他心頭蒙上一層陰影，他還有另一重幻想：如果自己聽話，不要求什麼，也許週末會好過一點。他扮演著犧牲的角色，試著施展破除魔法的力量。

那些年裡，他逐漸習慣了恐懼和罪惡感盤踞心頭的感覺。他嚴格排除所有渴望，以便提煉出新的魔法，彷彿他隨時會大難臨頭、遭人恐嚇。週末他根本不知如何排遣，捱過後他只覺得開心，又可以做自己的事情了。

如果當時他為心中的衝動找到出口，告訴爸爸他的感受，直接說出自己的苦與恨，也許情況會好一點兒。但當時他年紀尚小，能解決這些衝突嗎？他在心中早就把爸爸揍個半死，但現實中他知道這麼做只會使家裡的情況惡化。媽媽應該會站到他這邊，這麼一來爸爸更要遷怒於她了。這些情結以及錯綜複雜的情緒，埋下了精神官能症的種子：強迫症狀使他免於內心的恐懼，發揮神奇的魔法功能，集悔恨、犧牲與自我懲罰於一身。他從未有機會表達心中的痛苦、恨意與失望，還有對親情的渴望、悲傷、羞恥以及罪惡感，這些全都被他壓抑下來，造成了日後的強迫症。如果他能夠與父母懇談，或者找別人傾訴自己破碎的心情，或許就不會走向強迫人格。

有的環境特別容易造成小孩的強迫人格，除了父母的性格之外，社會期許及要求都會造成影響，譬如父親是軍人、老師、神職人員等等，這類行業講究外在的效應和威望，與強迫性的行為模式幾乎同宗。在軍隊裡，尤其老式的普魯士軍隊，克制、專注、謹慎才是完美的男性典範；從他們以僵硬的高領制服來強調「儀態」即可見一斑。

一位高階軍官有兩個兒子。他非常在意兒子的表現，一定要達到他期許的目標才行。他以軍隊的精神來教育兒子，情感表達、哭泣都是禁忌。家中的大小事情都有一定的規矩，整個家的運作如同訓練有素的軍營。兒子上床前必須以筆直的姿勢向父親報告，哥哥睡覺的時間要比小他一歲的弟弟晚一小時，似乎他的階級較高，因而享有較多的自由。

弟弟很有藝術天賦，性情也好，爸爸卻認為他太軟弱，每當他需要關愛，或因為冬天鍛練體魄凍得雙手發紫、痛得流下眼淚時，爸爸就會說：「你簡直不像一個真正的男孩子。」戴手套沒有男子氣概；接受磨練是人生最重要的課題。爸爸希望把他送到當時一家頗負盛名的學校，讓他和國社主義者的後裔一起受訓。沒有人問他是否願意，小孩只有無條件服從的分兒，畢竟爸爸都是為了兒子著想。十五、六歲之際，他進入這樣的學校，接受軍事訓練；他萬般不情願，在學校的表現也不傑出。才入學沒多久，有一次集合時他突然口吃起來，情況迅即惡化，他被認為不宜再留在學校，等於被淘汰出局。他運用強迫症狀破壞了爸爸的全盤計畫，卻不必負起任何責任；服從爸爸的命令是他當時唯一的出路，反抗絕不可行，恐怕只會引起更嚴厲的措施，他想都不敢想。潛意識裡的強迫症狀幫他達到了目的：因為他有口吃的毛病，才可以離開那間可恨的學校，而他不必為此自責，也沒有公然反抗爸爸，卻同樣達到報復的快感。他的病痛是折騰人的口吃，背後卻藏著他對抗爸爸的自我懲罰。

在權威式教育下長大，而且認同這種教育方式的父母，會要求自己的孩子要無條件聽話，不讓小孩質疑為什麼要這樣、那樣。但這麼做是非常危險的。這類教育講究盲目的服從，過去曾經成功使群眾隨波逐流。但若主張反轉威式教育，那個「反」字頗令人懷疑；「非權威式」的教育綽綽有餘，畢竟從極端權威落入極端放縱也很危險。

在嚴重的個案裡，反叛的態度將伴隨個人一生，不管碰上什麼一律反抗，即使一般的規範他也認為是一種強迫，抵死不從。這樣的人極其麻煩，總是用自己的感覺來評估，對任何事一概說「不」，只會無窮無盡地發牢騷，採取精神官能症的方法，以彌補孩提時代渴求不到的東西。

在極為強調人格面具（persona，由榮格所提出，指一個人在這世界扮演的角色，或者他相信他必須扮演的角色）的家庭中，很常見到孩子被強迫要表現得教養良好。父母基於他們的「身分」，認為非這麼做才能符合社會對他們的期望，於是往往把孩子訓練成模範兒童，行為良好、成績優秀、彬彬有禮、受到大家讚美，絕不讓父母丟臉。好比說，如果小孩恰巧和父親過去上同樣的學校，他就肩負著為父親或家庭增光的重任，如果他不夠優秀或讓家人蒙羞，他的處境將難以想像。這也會形成強迫人格。生長在這種家庭的小孩若不夠堅強就沒辦法抵抗，也就是無法「打破常規」。其實打破常規還比較健康，但這麼做他們將無法原諒自己，也得不到父母的諒解；父母會把罪過推給孩子，責備孩子的不是，卻不承認是自己的教育出了差錯，也不會想到問題在於環境，尤其是在居民彼此認識的村莊或小鎮，鄰居會在背後竊竊私語，甚至幸災樂禍。

家中有人位居要津，是社會名人，常常孩子就成了犧牲品，閃亮的形象使得孩子籠罩在社會期許的陰影下。

綜觀上述，我們可以把形成強迫人格的環境因素加以整理：為了要保護自己，他們讓自己活在眾人的意見下，聽別人怎麼說或看別人怎麼做，以及學習不能說或不能做什麼。這反映出他們在成長過程中不斷被灌輸的「不許這樣做」等等的觀念，卻沒有人在他們有所懷疑時提出合理的解釋。大人只要求他們做這個、不許做那個，從來不告知理由，小孩只能照辦。今日已然銷聲匿跡的父權體制，以前卻是稀鬆平常：天下無不是的父母，大人的權威不容孩子質疑。天堂第一個神話就與此相呼應，亞當和夏娃沒來由的被禁食智慧之果，這恰好激發了人類天生的好奇，兩人因此觸犯了禁令。

在此將再舉一些例子，讓大家明瞭形成強迫人格的複雜因素。每一個人的故事都反應出許多層面的背景，必須抽絲剝繭才能理出一個頭緒。

一位三十多歲、罹患嚴重強迫症的女子，穿衣脫衣要花掉一個半鐘頭的時間，洗澡要兩個小時。她來接受治療的時候，每天至少沐浴六小時，與丈夫已經完全沒有性生活。小孩也不許碰她一下，她整天躺在床上，一碰觸到什麼東西，她就覺得自己汙穢不堪。吃飯必須用餵的，因為她認為任何東西一經過她的手就弄髒了。於是她的強迫病灶轉為害怕接觸，情況嚴重到一看到「不乾淨」的東西，就覺得自己不潔，譬如很多人碰過的門把等等。

治療之前的談話時間裡，她雙腿緊繃，雙手死命地壓在膝蓋上，一個鐘頭過後，她的手腳都麻了，幾乎不能動。每次她走進診療室，都要自言自語差不多一分鐘：「我不髒……」然後才能接受治療。只要她碰過什麼東西，除了清洗之外，也要說這個句子，有若破除魔法的神奇咒語。

這位瀕臨精神崩潰的女士，在美國南方一座充滿清教徒氣息的小鎮長大。她的母親十分嚴厲，道德標準很高；父親性格柔弱，動不動就生病，女兒結婚當天他不舒服到必須臥床休息，無法參加婚禮。父母小心翼翼地把孩子拉拔長大，她和弟弟是城裡最有教養的兩個小孩，讓父母非常有面子。姊弟倆必須在每一方面都表現良好，抽菸、喝酒、跳舞、玩撲克牌都在嚴禁之列。她結婚（三十歲）之前，星期天都還在上男女分開坐的主日學。她的父母「人很好」，不打孩子也從不說重話。「我們慈悲地殺死了彼此。」有一次她一語道破。才九個月大她就知道要保持乾淨。十四歲那年，在電影院裡有個男人靠近她，拉起她的手放在他的生殖器上；她沒有反抗，但跑開了，心中滿是罪惡，也沒有和任何人談起這件事。十六歲時她在車內與人愛撫，對方精液流到她的手和大衣上，從此她強迫清洗自己。剛開始她只是洗得比較頻繁、次數較多。她自覺有罪（一貫的無法解釋），十分擔心自己可能懷孕，據此發展出強迫症候，嘔吐、月經停止。同樣的，她沒跟任何人談論這些事；她怎麼能讓父母親知道她的遭遇，讓他們失望呢？

治療時她道出，小她三歲的弟弟深得母親寵愛，他是家裡的天才，而她永遠比不上弟弟。她認為自己很平凡，多花點工夫追求完美的話，也許一樣能討父母歡心。在這種情況下，她當然不可以「變壞」，她嚥下對弟弟的嫉妒、羨慕以及怨恨，把弟弟和父母都理想化了。她害怕與東西接觸，家裡的門於是不上鎖，她只要用手肘壓一下就可以打開。這樣的行為雖然引人注目，但家人視若無睹，以為她「考慮周到」，這也是家人的因應策略，畢竟真要討論起來的話不知有多尷尬。她得不到援助，強迫症狀愈演愈烈。順便提一下，早在她罹患強迫症之前，就已顯露出強迫徵兆：七、八歲時，沒把兩腳的襪子弄得一樣高的話，她就沒辦法去上學，但沒有人留意到這個警訊。假使她因為這些強迫行為受罰、遭人嘲笑的話，情況恐怕只會更糟：她會發展出更多的保護措施，我們稱之為「策略」，而實際上這只代表她獨自面對難題。

根據她的說法，她成長的環境十分「健康」，應該不至於形成強迫人格。於是我暗示，是否正因為她不承認自己有衝動、憤怒，而且把這些情緒硬生生吞下去，並且將家人都給理想化了，所以她才開始變得反抗自己。她怒氣沖沖瞪著我，斬釘截鐵地說，她的父母「人很好」。但她的精神層面又看得出不少矛盾。直到今日她的父母尚且不知道她生病：「如果我寫信告訴他們我有過婚前性行為，簡直會要他們的命，他們絕對受不了這個打擊。讓我生病比較好。」在家鄉她也不可能去看病，她認為那代表她必須談論自己的性生活，供出婚前性行為，所以她只好任由強迫症這樣發展下去。她的婚姻出了狀況使強迫症狀更加嚴重。她丈夫是個體力充沛、享受魚水之歡的人，而她則認為唯一允許她有性活動的目的是生孩子。

補充說明

從某些層面來看，我們確實可以說習慣會讓人不得不做些什麼。譬如起床時必須遵循的儀式和順序、如何洗澡穿衣等等，這些習慣固定之後，唯有照著做才會讓人感到滿足與安心，稍有差錯就會覺得不對勁。但是這些習性並不會折騰人，所以不帶有強迫性的色彩，而是為了要節約時間或精力，基於經濟考量才發展出來的。而且，一旦這些日常習慣無法達成我們的目的，當然可以修改。類似的儀式也存在於社交和宗教活動中，是我們生活的一部分，我們訂下規矩與行為模式，並且加以遵守。除非是有些事情根本毫無意義，我們卻覺得非這麼做不可，才能稱之為強迫性的行為。

僵化的教育方式，父母及教養者至高無上的權威和原則，都有可能引發強迫行為，尤其是施加於很小的孩子身上。太早就曉得不能去做父母不喜歡的事的小孩，容易被導向完美主義，對自己和別人都很不順眼，更甚者變得專制獨裁。在強迫人格者的身上總是找得到完美主義的影子，使得他們與人群漸行漸遠，以為生活就應該和他們想像的一樣。然而，看看他們如何費盡心機讓生活依照他們的模式進行，這些努力的本身就是一種強迫行為。強迫人格者對「失序」嚴陣以待，唯有一絲不苟遵守規矩，才能獲得一紙保證，確保一切井然有序。一幅掛歪了的畫也會使他驚惶失措，倒不是為了美觀，而是根據規矩，畫掛歪了就錯了。稍微偏離規範都會讓他聯想到危險，他的思考模式大概如下：畫都可以掛歪，誰知道接下來會不會天下大亂，超出我的控制能力。如此，我們會比較能夠理解強迫人格的行為模式：他們很容易受到干擾，敏感異常，小事也不放過——小事是一種徵兆，一丁點兒踰越常規，一絲絲稍不留神，內心的壓抑就會被引爆出來；天上飄下的幾片雪花，也有可能釀成雪崩。

地質學家針對如何避免犯錯，講過一句很傳神的話：在還原化石時，常因清除周邊的石頭用力過猛而傷到化石本身，於是他們建議「省下最後一鑿」。這正是強迫人格的困難之處，完美主義驅使他們講求百分之百的精準，個人以及與生活有關的想怯都必須如機器般精準運作，如同堅固耐用的建築物一樣。只有強迫人格者才會用心思索，一個針尖上究竟可以容納多少天使★；強迫式的思考常常流於空洞，變成創造力的阻礙。為了保護自己絕不犯錯、不陷入混亂當中，於是完美主義者永遠都在校對和修飾。強迫人格者時時刻刻惴惴不安，唯恐一向正確的知識與觀點原來是錯的，所以他追求絕對、簡單且永遠有效的東西。看遠一點的話，也許他因此推敲出人生的法則：從他固定且嚴格遵循的規矩中得出想法，修訂、比較那些可變的、接近事實的主張，接著，為了保持純粹和一致，他反對持續的變化。強迫人格者最能代表所謂的「說話算話」，說一次便永久有效，容不下其他的意外。這裡要引用一位實驗心理學家彤容強迫人格者心靈的話：「雖然我們並不確定自己在丈量什麼，但是我們不管量什麼，一定量得正確無誤。」

日常生活中，再檢查一次瓦斯關了沒有、門鎖了沒有的行為，嚴重的話都會變成強迫行為。患者在做這些事的時候，並不認為自己在強迫自己，只不過他別無他法。如果他試著不要這麼做，莫名的恐懼就會糾纏著他。因為他覺得無法不從，又不願意承認這中間的不正常，於是便會把自己的強迫行為給合理化，試著給它一個說得過去的理由。使用別人的洗手間時，坐墊上要鋪著紙張，離開時用

★譯按：一則始於中世紀極為著名的神學問題。

手肘頂開門把，還會想到可怕的傳染病，這麼做已有些誇張；擔心傳染病，覺得細菌無所不在，活動範圍愈變愈窄，最終就成了病態。

意識到自己的強迫行為的原因，知道自己是出於恐懼而壓抑那些衝動，會對患者有些幫助。一般而言，這些衝動和憤怒、情感及性有關。前文提過，一旦一個人時時刻刻防衛自己不被別人嘲笑，他的心頭便始終縈繞著這些事情。這也可以說明那些狂熱地反對什麼事的人的心理：捍衛貞操的人到處都嗅得到性的誘惑，貞節大戰轉化為對抗「齷齪的性」（由於「道德動機」）。與強迫人格者一樣，反對惡者多，而非為了捍衛善而戰。

有一位強迫症患者可以花上數小時坐在瀑布前面，思索自己做不到的事：讓自己就這樣跳下去隨之奔流，而不會害怕驟然之間什麼都沒了，一切就結束了。我們知道強迫人格者害怕人事物的消逝，害怕時間及金錢的流逝，他們強烈表達出對永恆與安全感的渴望。如何利用時間、如何與金錢打交道，取決於我們的意志與想法。安德里克（Ivo Andriç）的小說《那位小姐》（*Das Fräulein*）就描寫了一位所有出口都被封死的強迫人格者。

美國殯葬業有一個令人覺得可怕、抵拒死亡的做法，他們把死者的妝容化得栩栩如生。更荒謬的是，花上大筆費用將死者冰凍起來，期待有朝一日科學進步到解凍之後死者於焉復生。然而，唯有不識死為何物者才能不朽；承認死亡，包括自己的死亡，是每個人的一部分，也是人之所以為人的一部分。

現在我們要探討強迫人格在生活各層面的行為模式。宗教上他們傾向於教條和正統，無法接納信仰不同的人。他們認為上帝嚴厲、報復，具有所有家長制的特質，要求他們全然的順從。他們迷信，相信不可思議的神奇力量。他們對於風俗和儀式照單全收，看得往往比信仰本身還要重要。贖罪券想來正是出自強迫人格者的點子，若無法全心全意信仰，信仰便無法內化為身心的一部分，轉經輪和十字架念珠★可以協助他們履行那些千篇一律的教規。雷斯冠弗（Nicolaus Ljesskow）在小說《騙子潘發龍》（*Der Gaukler Pamphalon*）中，成功地塑造了這樣一位完美主義、強迫人格的虔誠教徒。

強迫人格者樂意遵守規矩和原則，機械化、無意義地匍匐遵行；當他愈是因為心中的恐懼而這麼做時，他愈加無法容忍外力的動搖，因為他的保護措施將因此受到威脅。他致力於追求絕對，這麼做卻使他的信仰更容易被質疑而陷於危險，因為他並不容許自己提問或質疑。這也是為什麼在這樣的氛圍中，可以看到

★譯按：轉經輪為藏傳佛教中祈禱之用。天主教徒手持掛有十字架的念珠（五十九顆）祈禱。

最為暴力的宗教戰爭，以及持續的壓制懷疑與拒絕接受。就如同在所有壓制的例子裡，被壓抑的有一天會突然爆發，採取最為褻瀆的方式作為反擊。只要教會以恐懼和罪惡感為手段來濫用權利，就會滋長這種強迫性的特質。今日我們可以感受到解脫這種桎梏的努力。

強迫人格者堅信不移的原則、主張和論調若是與日新月異的進步有所牴觸，或者新的知識與進步威脅到他們的生活方針，逼得他們得停止原本遵行的系統，或者他們的安全感以及存在稍被動搖時，他們就會感覺像是大難臨頭。

做為父母，強迫人格者通常值得信賴，因為他們態度堅決、充滿責任感。他們堅信自己持守的價值，以此為指引與依歸。強迫人格加劇時，這樣的態度也益發絕對。「只要我還活著就不許改變」、「下次再說這些，我們之間就完了」都是典型的例子。他們不太考慮到孩子的年齡與個別特質，不給小孩太多自由發揮的空間，認為孩子應該按照他們的意思長大。他們認為，「只要撒一次謊，就再也沒有人會相信」；他們是「言而有信」的人，認為「不」就是「不」，他們說了算，不許抗辯，不必給理由，只要求小孩無條件服從。他們灌輸小孩一旦做錯了就不能改的觀念。他們是記恨的人，所信奉的價值觀若出了差池，心頭就感到歉疚不安，唯恐懲罰接踵而至。他們很難與人盡釋前嫌，寬恕他人。他們很早就告知孩子不可踰越界限，孩子永遠處於稍微鬆懈就一發不可收拾的恐懼之中。因為他們自己不曾自由發展，就不願順著孩子的天性，孩子到了冒險犯難的年齡，在他們看來處處危機，所以很早就為孩子安排好許多事情，教小孩追求完美，譬如要孩子守時、強調細節的規範、給什麼就吃什麼、給多少吃多少、不許有意見等等。

孩子進入叛逆期，這樣的父母自以為已預見孩子日後的行為，因此認為必須及時斬草除根。在這樣的教育下，小孩不但缺乏自信，也會有自卑感，認為自己必須有所表現才能贏得父母的愛。恐懼與苛求把小孩變成了失敗者、故步自封，這種教育扼殺了孩子向外發展的動力，阻絕了熱情，其中尤以性衝動最受壓抑。一旦孩子無法妥善處理這些衝動，通常具有強迫人格的父母會認為孩子是有意要破壞一切，而這將導致小孩不信任自己的身體，變得笨手笨腳。孩子原本應該發展的能力，尚未萌芽就被壓扁了。這樣的父母教養出來的孩子比較像不斷被修剪的樹籬，而非自由伸展枝椏的大樹。孩子接受的訓練永遠比教育多，與傀儡無異。他們認為處罰是教育中重要的一環，顯露了虐待的一面，他們會嚴厲懲處，逼孩子服從，處罰時務求讓孩子知道他們的權力所在。除了體罰，這類父母和老師也喜歡喝令小孩「站到牆角去」，小孩必須苦苦哀求（「我再也不敢了」），而這些無不傷害小孩的自尊心，強求他們完成不可能的任務。

強迫人格者的夢境往往貧乏單調。一般而言他們較少做夢，或者說一下子就忘了自己做過的夢，一如他們不去探索內心深處的聲音。夢總是費人疑猜，他們寧可將之當成泡沫，毋須嚴肅看待。枯燥的機械式畫面最常出現在夢中，顯示身心都離群索居。夢中他們常受窘，場面尷尬，印證他們的強迫人格與幼年的如廁訓練有關。夢中被壓抑的憤怒以措手不及的方式表現出來（火山爆發、地震、水壩潰堤之類）。衝動與壓抑、犯罪行為等題旨，常在同一個夢中交相出現。

強迫人格者喜歡從事與權力有關的工作，例如需要精確、細心、負責、掌控全局的業務，或要求長時間投入、追根究柢和耐性的職業，他們不喜歡主動、有彈性及富創意的工作。他們對專業知識駕輕就熟，非常值得信賴。成就非凡或只求餬口，端看他們強迫性格的程度，以及能否自主或只願遵守規範。這樣的人與即興式的創作或表演完全絕緣。

他們是有責任感、一板一眼的公務員；精準的科學家、律師、外科醫師、財務人員、銀行家、教育者、神職人員、分類學者。強迫人格的正反面差別非常微妙。他們可以是責任感強、客觀的法官，也可以是無情、拘泥於條文的法官，認為犯罪就是犯罪、不問動機與心理因素，因為這會動搖法律，而依法判決不僅賦予他權力，也讓他省卻懷疑。他們可以是慈父般的神職人員，也可以是不假寬貸的假道學，拿下地獄來威脅教友，使教友恐懼罪咎。

強迫人格者對歷史興趣濃厚，藝術史、醫學史、哲學史等也都對他們有吸引力，因為這些都是過往的事，不會再出差錯，可以永遠沉浸其中。諸如考古之類的學科他們特別感興趣。若研究語言，他們會選擇做古典語言學家；鑽研歷史，則為史前史專家。

基於權力欲望，政治對強迫人格者深具吸引力，可以讓他們合法揮霍權力，但如何逍遙其間，就要看他是否有出眾的才能。這種人通常傾向保守主義，忠於所屬的黨派和政權，因為他們認為凡是傳統的就表示已經通過淬鍊。所有實驗性的、需要實驗的他一概擋在門外。

想當然耳，強迫人格會隨著年齡的增長而變得嚴重，內心的直覺要他守住所擁有的，巴不得時間之河停止流動。因此，先前形成的強迫態度變本加厲：他將不計代價保住權力和地位，即便年事已高，無法盡忠職守，仍不願讓出位子，無怪乎他痛恨新的事物和年輕人。他專注於成就與意志，對於人老了就要學著淡泊名利、看得開，他顯然難以接受。他希望自己無人取代，釋放若干權力會讓他不斷懷疑，誠惶誠恐地審視自己，神經質地注重身體健康。他只知道自己要交出權力，放手既有的成就，往往忽略了年老帶來的一些譬如不再被責任義務束縛，可以悠哉遊哉的好處。死亡對嚴重的強迫人格者痛苦不堪，妥協與讓步都意味著軟弱，所以要與死亡奮戰到底。

有的時候，強迫人格者到了老年反而變成一位家長制的巨人，尊貴無比，象徵他們所堅持的價值觀。對他們而言，死亡乃命定，反抗毫無意義，這是一個人必須臣服的最終事實，當死亡來臨，必須帶著勇氣與尊嚴接受它。他會適時交代身後事，立好遺囑。有些人認為立遺囑的意義是，透過他將死的這件事來行使他的權力。

如果一個強迫人格者無法接受死亡，他會認為生命的意義就是不顧一切代價地活下去，而這會導致可怕的存在形式。對死亡的恐懼被壓抑與轉化，他無法丟掉任何東西，被各式各樣無用的東西包圍，也避免任何會讓他想到消逝和結束的紛紛擾擾。

假如我們要試著描繪健康但帶有一點強迫性格的人、強迫人格者到嚴重強迫症患者這個不同程度的光譜，可以看到兩種可能性：其一是基本上性格較為強勢者，從講求實際、負責、值得信賴，到冷靜理智、甚至汲汲於名利者，包含死硬派和牢騷不斷的人，以及位高權重、專斷獨行到程度不一的強迫症患者。其二為緊張型，天生懦弱者屬這一型，他們配合別人、膽小、多疑與猶豫不決，還有老學究及愛碎念的人、低聲下氣和欺善怕惡之流、疑心病者。

健康但帶有強迫傾向的人，往往表現的穩重、吃苦耐勞、有毅力與責任感。他非常上進又勤勞，有計畫也有目標；他的目標通常很長遠，對於要完成的事的興趣勝過於已擁有的成績，所以不太懂得享受當下。如果他能夠貫徹主張又有責任感為輔，他會很成功。穩重、精確、值得信賴、堅定都是他的優點。感情上他很退縮，但就像他向來強調的永恆，他不會輕易重整布好的局。基本上他很堅持自己的看法，認真負責，務求客觀。史奈得（Reinhold Schneider）曾在著作《菲立浦二世》（*Philipp II*）中描繪這樣一位出眾的人物。

危險之處在於，這樣的人對永恆及安全感的需求過於強烈，也過於單方面。因此，最好讓他們瞭解到自己很容易因此變得過於死板僵化。最上策是把習於壓抑的態度轉化為向外探路，不需要過於保護自己，並接受事物終會消逝的事實。他們應該起而學習，而非坐著盼東盼西，並且順應事情的發展。就整體社會而言，他們對恪守傳統與強化傳統功不可沒；從某些觀點看來，如果他們沒有被自己蔓蕪的安全需求以及權力欲望擊倒，反而成功戰勝這些質素的話，可以是社會的中流砥柱。

第四章

害怕既定的規律——歇斯底里人格

Die hysterischen Persönlichkeiten

每一段開始都有一位魔術師……——赫塞

新鮮事物充滿吸引力、未知是一種刺激、冒險犯難帶有樂趣——這些是我們天性的一部分，就像我們追求長久的關係，希望受到保護一樣。我們喜歡冒險，遠方的國度魅力四射，鄉愁與愛好旅遊等量齊觀。我們渴望安全的羽翼，但新奇的印象與經歷讓我們跳脫熟悉的框架，充實、開啟生命的新頁，變化我們的氣質。我們在茫茫人海中尋覓新面孔；我們想要認識自己，發揮自己的潛能，增加人際的交往，讓自己成熟且更加完美。

接下來我們要討論第四種，也是最後一種恐懼的原型：恐懼終局、恐懼無可避免的人事物，恐懼自由受到約束。這樣的恐懼是強迫人格的反射影像；強迫人格者對自由、改變及冒險十分畏縮，而本章要介紹的歇斯底里人格則恰恰相反。他們竭盡所能追求改變與自由，肯定所有新的事物，性喜冒險。對他們而言，未來表示大門敞開，有大好機會等著他們。相對的，他們討厭束縛、傳統以及既定的規律。他們的座右銘是「既定即不定」——也就是說，沒有什麼可以約束他們，成為他們的義務，沒有永遠有效的東西。所有的事物都不是絕對的，富有生命力與各種色彩，唯有當下與眼前才重要。他們認為必須及時行樂，不然也許機會永不再臨；事情過了就過了，毋須追究；未來一片海闊天空，機會無窮，但不是那種計畫好的未來，重要的是對未來保持開放，隨時準備放下過去。

用我們的譬喻來說，這樣的人不把那股聚攏的萬有引力放在眼裡，只想跟隨著離心力而活在片刻之中。他拋開計畫與明確的目標，翹首期待新鮮感，不斷追求刺激、新奇的印象與驚險，隨時臣服於外在的引誘與內心的呼喊。種種規定與律法都讓他覺得透不過氣來，自由無比重要，遵守規定只會限制他的自由，所以他不把規定放在心上，我行我素地轉動。他拚命追求的自由比較像是要擺脫什麼，而非自由地去做什麼。

一個不打算接受大自然規律、生活規範，也不願遵守人與人之間的遊戲規則的人，會是什麼樣子呢？他像是生活在橡皮世界裡，這個世界表面看來隨興、有彈性，但朝令夕改，反正他也沒有要嚴格遵守的，總是找得到脫身的法子。因果關係只存在於自然界，他還沒準備好要接受；或者，誰知道呢，也許是它此時此地剛好起不了作用。

這麼一來，責任義務、會約束人的東西，他當然都敬而遠之，包括生物與自然的規律，例如男女有別、年老與死亡、風俗習慣與遊戲規則、規範與法律。總而言之，他最害怕的就是無法逃避的生活限制，以及我們稱之為「真實」的這個世界，也就是我們必須適應的這個事實的世界，以及我們必須接受的生命定律。

這類型的人以各式各樣的方法面對這個我們稱作真實的世界：有人質疑、比較、輕視或視若無睹；有人試著破壞它、逃避它、不承認它的存在。由此一個人獲得了表面的自由，活在虛幻的世界中，做著春秋大夢，不識人間的實相。隨著時間的流轉，這種假的自由變得愈來愈危險。這種裹著謊言的真實沒有真實性。而愈是遠離真實，一個人愈是要為假的自由付出代價。他將發覺自己懂的事實太少，事情的發展經常不如他的意，失望之餘，他更加蜷縮在自己幻想的國度裡，虛幻國度與真實世界之間的裂縫愈來愈大——這就是歇斯底里人格所陷入的惡性循環。

讓我們進一步看看這個虛幻世界的面目。因果關係，事情的發生與造成的結果，是我們存在的一個事實。這是我們生活的一條法則，藐視者將受到懲罰。然而，具有歇斯底里性格的人卻覺得這些讓他動彈不得，必須有所行動時，他就把頭埋進沙堆裡，假裝根本沒有這回事。如果心中的渴望搔得他無法自處，他也不理會將引起什麼後果，就採取「由他去吧」的態度。他天真地希望自己的所做所為不受常理人情的限制，至少這一次不會應驗。他整個人被當下的渴望所盤踞，只能罔顧常規，跳過因果，向誘惑俯首稱臣。舉個例子說明：

有個班級舉行慈善義賣徽章的活動，每個女學生都拿到一張記錄捐款金額的單子，而且必須推銷一定數量的徽章。十三歲的英格可愛大方，帶著甜美的笑容走向人群，沒有人忍心拒絕她。沒多久她就把徽章都推銷出去，她覺得應該犒賞一下自己。她突然想吃甜的，口水都快流出來了，她心想自己那麼辛苦，受之無愧。收到的錢在向她招手，可以拿來做不少事呢。這些錢此時此刻是她的。她不去想錢怎麼來的、目的為何。她無法把甜食從腦海裡趕走，於是就拿了一些錢去買她最愛吃的糖，心裡只是隱約認為事情會擺平的，當務之急是先滿足她的渴望。

這是很典型的歇斯底里人格：欲望有若驟然拉滿的弓，裝滿了他的需求。每個衝動、每個渴望都必須立刻獲得滿足，等待是無法忍受的。誘惑如此之大，而他無力抗拒。

學生們要在同一天交出單子和收到的錢，英格怎麼辦呢？她要求老師多給她一些徽章去賣，之後她再把錢交出來。她告訴老師原先收到的錢放在家裡。（在事件發生的當下編造藉口，也是歐斯底里人格的特質，他們需要更多的藉口與謊言來提高自己的可信度，於是藉口愈來愈薄弱，離事實也愈來愈遠。）她拿到了新的徽章——先爭取到時間，寄望這當中發生奇蹟，讓她脫困。（先爭取時間，再做出新的承諾以拖延時間，也是他們典型的特質。）到了該交出錢的傍晚，她忽然靈機一動：她告訴鄰居說媽媽出外訪友，而她需要買幾本作業簿，可否先借她一點兒錢？鄰居借錢給她，她再一次爭取到時間。奇蹟果然發生了，至少她現在有足夠的錢交給學校。她忍不住盼望鄰居忘了她借錢的事，她的策略是「不去想它」，但願鄰人不會記得那幾塊錢。

歇斯底里的人常常這樣，天真的以為事情都解決了，或「不知者無罪」，以及人是健忘的。從這裡可以觀察到他們推拖拉的傾向：偷錢的事被忘得一乾二淨，只記得自己合情合理的向鄰居借到了一點兒錢，有朝一日當然得奉還，但暫時不去想如何及何時還。如果哪一天鄰居非她所願提起這件事，她將致歉。她心想或許鄰居真的會忘記，畢竟才那麼一點兒錢，何況我也幫忙過她。也或許會突然有人送她一大筆錢，或是她可以幫對方做事抵償。反正就是船到橋頭自然直。

幾天後鄰居向英格的媽媽提起借錢的事，事情曝了光。如果她及早承認一切，就不會像現在這樣不好收拾了。當她的渴望浮現時，揮也揮不去，必須及時予以滿足，隨後骨牌便一張張倒下，要為一時的滿足付出高昂的代價。

從這個例子可以看出歇斯底里人格典型的行為模式：心有所盼便鬼迷心竅，不立刻獲得滿足絕不罷休；不睜開眼睛審視自己的行為，不去想後果；爭取時間，盼望奇蹟；所謂的急中生智，卻是婁子愈捅愈大，挖東牆補西牆；按照自己意思揑造、篡改故事；自然而然忘卻不愉快的事，尤其是自己的罪惡感；最後，渴望戰勝一切，等待免談。尼采的形容很適合這樣的人：「記憶告訴我這件事是我做的，但我的自尊心卻說不是我幹的。它不容反駁。最後，記憶妥協了。」

歇斯底里的人面對事實與時間時，也是這般漫不經心。他們覺得計畫時間、時間管理之類的事不過是擾人清夢，毋須斤斤計較。

讓我們深入探討生物學上的事實，也就是性別異同、成長過程以及老化等問題。對此，這些歇斯底里的人也不肯乖乖就範，他喜歡當個不必負責任的小孩，或至少要讓青春留步，因為這個世界對孩子總是比較寬容，不會要求他負起全責。負責任就代表他會被法律綁得死死的，做事必須貫徹始終，而這讓他感到不快。至於老化，他可以想辦法慢點兒變老，心理年輕就好，用不著告訴每一個人他真實的年齡，只要看起來不老，就可以青春永駐。他從衣飾著手，穿年輕一點的服裝，使用化妝品，或者靠美容整型支撐不老的傳奇；還有，千萬不能憂慮或沮喪，告訴別人他受不了這些身體折損，避不掉的時候則宣稱身體微恙。

他以同樣的態度看待倫理與道德。既然他覺得這些不過是種束縛，何必死守呢？一次也不行，沒有意義的。誰真的知道什麼是好，什麼是不好？最終，每件事都是靠比較而來的。因此他的世界可塑性極高，柔軟又有延展性，犯錯總是有理由的。更何況，誰知道他現在或過去的內心在想什麼呢？他的想法海闊天空，只要他能按照自己的版本說服自己，誰又能證明相反的論調？

邏輯也是個討人厭的東西，不過他仍然有辦法繞道而行。他自己的邏輯也是邏輯的一種，雖說略有差異，卻未必遜色。當他的想法大逆轉、別人無法心領神會時，他會認為是別人不合邏輯，有問題的是對方，如此自己才站得住腳。說得有趣一點兒，他潛入對方的陣營，贏得信賴之後，再設法將死對方！他自行演練出一套假邏輯，有意無意地說謊，把別人耍得團團轉。

他對自己的恐懼（責任、義務與既定規範）並不知覺。形諸於外，在這樣的案例中我們會看到廣場恐懼症，他害怕置身於開放的空間，害怕站在街道上，害怕待在密閉的房間、電梯、車廂裡等等。這是把真正的恐懼移轉到無害的、他可以避開的東西，例如怕搭電梯或怕過橋，那麼只要避免做這些事情他就不會恐懼了。事實上，他真正的恐懼可能是自由受到限制，或誘惑人的情境。而他難以與之抗衡，一方面是他真的不想將就，另一方面則是害怕嘗試——內在的衝突轉化為外因性的恐懼，由此內在的衝突便得到消解。因為恐懼，所以他不會再陷入被誘惑的情況。如果一個人無法過馬路，他就會避開那個情況。當然這不是徹底解決問題的辦法，也無法完全避免恐懼，他還是需要與恐懼面對面，雙方交戰爭鋒；若他覺得山窮水盡、尋不著出路時，將陷於驚慌失措中，只想「向外逃逸」，無法理智地考慮自身的情況。

以下將說明歇斯底里人格與錯謬的行為是如何累積出來的，以及他們如何被帶入那樣的死胡同中。

怎麼樣才能好整以暇地逃避責任與既定的規範呢？上上策就是活在當下，彷彿他是個沒有過去，也沒有明天的人。昨天別人識破我犯了一個錯或做了一件蠢事，那麼就跳過昨天，生活從今天才算開始。一刀把時間和因果截斷，歇斯底里的人於是有了很大的彈性空間；他既無個人歷史，過去也付之闕如。這表示他把很多的累贅給甩了；但反過來說，他的生活變得瑣碎、片斷、不斷變化，缺乏連貫性。歇斯底里的人就像變色龍，可以適應每一種新的情況，只是很少發展出自我的連貫性，也就是我們一般所稱的性格。他給人難以預料的感覺，也很難定下來。他總是根據當下的需求扮演某種角色，到後來連自己都認不得自己。他的個性不真實，欠缺清晰的輪廓與個別的性格。

另一種情況是，當他覺得進退維谷時，也可能反守為攻，把過錯都推到別人身上。自責對他而言是個外來語，他的反射動作和小孩一樣：一個小孩罵另一個小孩是「笨蛋」，被罵的那個孩子反射似的回敬一句「你才是笨蛋」。遭人批評或譴責時，他立刻反脣相譏，有時候風馬牛不相及，與主題根本無關，但這麼做足以卸下自我認知的重擔。把內疚投射到別人身上，最後他甚至會被自己說服，認為錯都在別人，不啻做賊的喊捉賊。如此一來，他愈來愈虛偽，一開口就謊話連篇。暗地裡他其實欠缺安全感，惶惶不可終日，卻不知所懼為何物。萬不得已時，他將尋求一個新的身分，使他遠離束縛，不必面對真相，譬如藉著生病來逃避，起碼多爭取到一點兒時間。

歇斯底里人格的感情世界

具有歇斯底里人格的人喜歡談情說愛。所有能提升他自尊的東西他都愛：意亂情迷、快感、熱情，他喜歡處在巔峰的感覺。強迫人格者渴望一成不變，歇斯底里人格的人卻把自己獻給生命，非要轟轟烈烈活一場不可，最好能打破界限。他沒有像憂鬱的人那樣反躬自省，而是擴張自我，甚至有若神化自我。憂鬱的人在自我的界限中奉獻，尋求融為一體的共棲關係；歇斯底里的人恰恰相反，所有感情經驗的強度皆由他向外擴展延伸。

這樣的人談情說愛時勁道十足、熱情洋溢，要求也多。他在其中尋求自我肯定，陶醉在自己與伴侶的愛戀中，翹首期待到達人生的頂點。他懂得營造情慾高張的氣氛，花招百出，可說是性愛高手。他也是打情罵俏及調情的聖手，知道如何撩撥琴弦，勾引人時無往不利。他有本事讓伴侶覺得被寵愛，這也是他證明自己有迷人風采與性魅力的方式。他曉得眉目傳情的力量，沒有人能從他的勾魂懾魄中全身而退。他對自己的優勢與吸引力表現得如此堅定，別人不得不相信他。

前面提及這類型的人難以抵擋渴望的誘惑，在感情世界中尤其強烈。他就像「大軍甫至即獲全勝」的凱撒大帝，以迅雷不及掩耳的速度攻下要塞，毋須長期圍城。他深諳與異性的相處之道，談起戀愛來絕無冷場。其實他愛的是戀愛本身，伴侶居次。他充滿好奇，像飢渴的人面對大餐，一定要領略愛情的各種面貌。他對光彩炫目的儀式、慶典與宴會情有獨鍾也樂在其中，展現出迷人、瀟灑、坦率的風度，讓自己成為派對上的焦點。不覺得他可愛的人簡直犯下滔天大罪，他將無法忍受。感性多情的生活他最愛，為此在所不惜。無聊可以殺死人，而他獨處時動不動就感到無聊。歇斯底里的人作為情人，有趣又充滿活力，自然而然展現情感，充分掌握當下生命的節拍。他盡情享受，幻想力豐富，還有點兒貪心。對他來說，忠誠並不重要，尤其是他自己是否忠誠，見光死的關係最讓他心動，這樣他浪漫的情懷才有揮灑的空間。

談到性就比較複雜了。挑逗、前戲都比滿足性需求來得重要，他很想對流逝的片刻說：「太美好了，停下來吧。」他努力享受這片刻的沉醉，不希望結束。他也喜歡蜜月的時鐘靜止，不堪新婚燕爾退為平淡的柴米油鹽。他喜歡變化多端。一旦自己和伴侶對性的態度不一，雙方都不甚幸福，他可能因此變得冷感或有性功能障礙。具有歇斯底里人格的人，無論男女，都把性當成提振自尊心以及操控伴侶的途徑。不同於強迫人格者以性逼迫伴侶，歇斯底里的人在性活動中體驗自己無窮的魅力。這類人格的女性會濫用性作為威脅的手段，答應形同施恩，拒絕有若懲罰。

深入探討歇斯底里人格，會發覺這類的人需索無度，強烈希望獲得肯定。對他而言，情愛關係是一種用來肯定自我的設備，必須時常更新，以便證明他的確是第一把交椅。伴侶崇拜他、渴慕他，他仰賴這些戰績保存自尊。色衰則愛弛，外在的吸引力隨著年紀而褪色時，想當然耳他的驚惶比誰都來得劇烈。

歇斯底里的人需要伴侶，但倒不是像憂鬱人格那樣，沒有伴侶就活不下去，主要是伴侶如同他的鏡子，他喜歡在鏡中看到自己有多麼可愛，為他脆弱的自尊心增值。他自戀、愛自己、需要不斷被肯定，因此他愛極了阿諛奉承，也對此深信不疑。他需要一個伴侶來為他的風采、美貌、重要性以及所有的優點背書。尋覓伴侶時，分裂人格者怕與自己南轅北轍的人，但具有歇斯底里人格的人則希望在相似的人身上可以重新發現自己，然後愛上自己。

這樣的人常常找貌不驚人的伴侶，以便凸顯他自己的出眾，同時讓伴侶對他傾慕不已。這讓人聯想到那則寓言：一隻孔雀執意要和樸實無華的母雞結婚，到了公證處，烏鴉訝異地問，亮麗的牠怎麼會娶一隻毫不出色的母雞呢？孔雀正色答道：「我和我的妻子都愛死了我自己。」

這種以渴望獲得肯定為基礎的關係當然不夠堅固，畢竟伴侶無法總是能夠滿足他的需求。他於是轉向別人，玩一樣的遊戲。看到女人就流口水的男人、不斷消耗男人的女人都屬於這一類。割下敵人的頭顱，收集的戰利品愈多，表示他愈是了不起。愛情不過是一場遊戲，而他非贏不可。他對愛情的期望過於龐大，於是失望、不滿、情緒化以及沮喪與他長相左右，所以他不斷尋找新戀情，即使所費不貲，必須拚命賺錢，他都願意接受。唯有被愛他才有自尊，他顯得永難饜足，逼迫伴侶愛他的手段與方法不計其數：總是覺得別人的伴侶比自己的伴侶懂得愛與犧牲奉獻；覺得伴侶不夠愛他時，上演一齣哭鬧劇；伴侶如果冷落他，他便如喪考妣。總而言之，他是感情如謎又自私自利的混合體，連伴侶都猜不透他的所思所為。

如果一個人對愛情與婚姻抱持莫大的期望與幻想，要求的卻遠遠超過自己願意付出的，勢必一天到晚都會感到失望。這樣的人只好不斷尋覓「偉大的愛情」。歇斯底里性格的人經常與伴侶分手再出發。新的感情為的是要補償他昔日關係的損失，所以在一開始就設定更高的標準，再度埋下注定失敗的種子。

我們通常從父母以及兄弟姊妹那兒學習到與異性相處的經驗。父母之間的互動，他們的婚姻關係，形塑了日後我們對兩性關係、愛情與性所抱持的態度。如果我們幸運的能夠把父母視為一體而愛他們，未將之理想化，或者反過來說沒有為他們不好的關係感到遺憾、鄙視、甚至怨恨；如果我們能夠體會到父母的侷限，以及他們的煩惱、問題和辛勞，還有他們快樂與否，是不是互相支持、瞭解與信任，那麼我們會有更好的機會找到符合這樣的期待的另一半，同時對婚姻關係抱持更為現實的態度。認為必須在孩子面前保持優越感、完美無缺的父母，以及總是扮演模範夫妻，實則貌合神離的父母，會讓孩子誤以為這就是理想婚姻的模式，將來也如法炮製。父母若無法成為孩子的性別角色範本，反而令人失望或造成反效果，會讓孩子對伴侶關係的期待蒙上陰影。

對具有歇斯底里人格的人來說，童年時期的第一個異性的角色範本，會對他產生深遠的影響，他很難將自己從這樣的認同中抽離，這也使得他的感情生活面臨困難。歇斯底里的人格成型於大約四到六歲的階段，我們知道這時候的孩子會把自己與生活中的角色典範視為一體，由此形塑他往後對待自己與異性的態度。一般來說，情況大抵如下：他會不斷重複小時候對父母（兒子對母親、女兒對父）或不同性別的手足的幼稚崇拜或理想化的態度，從而希望找到夢想中的另一半。或者，他把童年時期對這種關係的失望、恐懼與怨恨，轉化為對伴侶的期待。透過這種方式，他看待日後的兩性關係一開始就充滿了偏見，認為所有男女就像他童年時所遇到的一樣。他把父親或母親的形象投射到伴侶身上，這個原型不容改變，他無法公平對待另一半，也無法做好自己身為伴侶的角色，因為他仍深陷在兒子或女兒的角色裡。

對母親感到失望的兒子會變得痛恨女人，意欲展開報復，像唐璜一樣到處誘惑女人，再把人家甩掉；他想要把母親施加在他身上的痛苦散播出去。對父親感到失望的女兒，用同樣的手法報復；她痛恨男人，要不就變成性解放的獨立女性，但目的並非爭取平等互重，只是基於報復心態要爭得女性霸權的地位。另一種可能是，她不斷委身雞鳴狗盜之徒，藉此打擊父親。（「因為你不愛我，我沒有價值，跟誰在一起都無所謂」，這是某些娼妓的心理因素。）或許她專門勾引男人上床，套一句奧德賽的話，視男人為豬玀，利用他們、貶抑他們，使男人在性事上屈服於她。與此相似的，是在身心或物質上苛求男人的女人，剝削與剝奪男人的權力，以削弱男人氣概的方式將之「閹割」。這一類令人不寒而慄的女性，史特林堡的小說和舞台劇中俯拾即是。最終，對異性的失望或恐懼可能會導致同性戀。此處所提到的父親與母親的角色，換作兄弟或姊妹亦然。

與生命中第一個異性角色的情感連結，是一般的人類現象，法國人是這麼說的：「一個人總是回到他最初的愛。」

具有歇斯底里人格的人對童年時期角色範本的依賴，也就是受「家庭故事」的深刻影響，可見於另一個情況：他們經常陷入三角關係，下意識的重蹈了夾在父母間的地位。這種情形在獨生子女身上尤其常見。他們覺得自己無可奈何、宿命似的掉入三角關係的泥淖。他們常說自己喜歡的人都使君有婦、羅敷有夫，像被下了咒一樣。事實上，他們自己心知肚明，會愛上非自由身的人，就是因為對方不是自由身。於是他們重蹈了幼年不能愛上自己父親或母親的覆轍。像著了魔似的，他們糾葛在關係中，希望打倒對方，讓對方因自慚形穢而退出。相反的，與自由之身的人共築愛巢令他卻步，因為對方會認真看待兩人的關係，布下天羅地網約束他。

知道這些人的故事，才能理解他們的行為，因為他們常常把自己曾經受過的折磨施加在別人身上。他們從小受到家庭的約束與壓抑，女性或男性特質沒有得到正常的發展；或者沒有適當的人做為他性別發展的範本，也許是被拒絕，也許是性別特徵發育得過早或不恰當。在他們取得足夠的自我認同與自尊以發展健康的性別角色前，也就是在他們的性別心理未臻成熟時，就已經得做個小女人或小男人了。

對人生、愛情、婚姻及異性的錯誤期待，是歇斯底里人格在情感與兩性關係上的主要問題。他們對別人的要求與他們所願意付出的失衡。因為如此，他們不斷感到失望，從中他們可以發現自己的基本態度是有問題的，無怪乎總是要失望不已。時時無限神往，不斷要求什麼卻不問自己準備付出什麼，是他們的性格問題所在。

他們在選擇伴侶時往往把重點放在對方的經濟能力與名聲、地位、財產、頭銜等等，這些東西勝過一切，合得來與否倒在其次。他們在一段關係中仍然樂得當個小孩，也很容易被外在的事物牽著鼻子走，以為就此能過上美好的生活；而一旦生活不如預期，便習慣性的把過錯都推到伴侶身上。他們恐懼那種覺得自己沒有價值的感覺，於是上了癮似的尋求肯定，卻永遠得不到滿足，因為他們向外尋找的，其實都是要靠自己去實現的。要有愛人的能力，他才能得到真正的自尊感。

把自己的不足與欠缺投射到伴侶身上的這種傾向，當然造成了不少問題。這樣的人會不斷與伴侶爭執對錯、怨聲載道、歪曲事實。若歇斯底里與強迫性格這兩種對立的人格結為連理，不啻一場災難。每當強迫人格者堅持要把問題攤開來逐一討論，想要證明他是對的，他那歇斯底里的伴侶就愈是把邏輯拋到一邊。舒茲漢克以國際西洋棋中騎士的前進做為比喻：甲方很清楚乙方企圖用他下錯的棋步來封死他的出路，他當然要全力反擊。如果一方比較有彈性，可以為兩人的溝通架橋；如果兩人不要針鋒相對，問題的進展會比較容易。相較於把歇斯底里的伴侶逼到牆角，強迫性人格的伴侶可以試著從對方的角度去瞭解問題。

具有歇斯底里人格的人直覺會避開分裂人格的人，因為他知道對方一眼就能看穿他，不會肯定他、欣賞他。分裂人格的人喜歡與憂鬱的人在一起，因為他可以予取予求，日子久了通常憂鬱的人要承擔這種關係的不幸。兩個歇斯底里的人在一起，假若雙方的歇斯底里不十分嚴重的話，倒也相安無事；否則在競技場上的這兩個人，都會恨不得把對方給淘汰出局。

文學作品中不乏以歇斯底里女性為主角的例子，毛姆（S. Maugham）的《露意絲》（*Luise*），或是米契爾（Margaret Mitchall）的小說《飄》當中的郝思嘉。普希金（Puschkin）與馮塔納（Fontane）的妻子都具有歇斯底里人格，他們的書信中句句左右為難。童話《漁夫和他的妻子》（*Fischer und siner Fru*）亦同。

歇斯底里人格的侵略性

對抗與競爭是孩子在四到六歲之間學到的侵略模式。如同任何成長階段的烙印，早期的侵略模式會持續影響後來的生活。追求與征服則是與性別有關的兩個基本的侵略形態。更為普遍的是，為了要肯定自己而發動的大小爭戰，以及對抗所有對自己造成威脅的人事物。競爭性，以及希望證明自己的能力，最能顯露歇斯底里人格的侵略性，而這麼做則是為了得到自尊與尊重。

與強迫人格不同，歇斯底里人格的侵略性更有彈性，顯得漫不經心，常常不加思索就出手，因此時間不會太久，通常也不會過於耿耿於懷。表現的方式從口不擇言到任性霸道都有，矛頭對準事情本身更甚於針對個人。

愈是歇斯底里的人，就愈容易以侵略的行為爭取別人的重視；極端者會厚著臉皮讚美自己，乃至於設計騙人；自戀型的歇斯底里者則很敏感易怒。自吹自擂，無止無休追求自尊自大，聚光燈要打在他身上，非居首位不可；同性別的人對他而言都是潛在的對手，必須將對方比下去，讓自己更耀眼。

歇斯底里者有時會裝腔作勢，巴不得大家都對他印象深刻，成為眾所矚目的焦點。隱藏在這些行為背後的往往是心裡不安，分不清表相與實相，也辨不明希望的自我與真實的自我。他缺乏自我批判與自我控制，常常因激動而發怒，弄得場面不可收拾。誇大本是這種人格的特質之一。他也傾向一竿子打翻一船人，與伴侶吵架時會脫口說出「男人都是膽小鬼」、「女人全是笨蛋」之類的話。

歇斯底里人格的侵略性常常與突然爆發的反應有關。在分裂人格的狀況下，侵略性是對存在受到威脅所表達的情緒；但歇斯底里的人更為戲劇化，更讓人印象深刻：他表達心中的憤恨不平時，往往是即興演出，這比計畫好的戰術更令人措手不及。對他來說，先下手為強是最好的防禦，就算不合邏輯也無妨。舉例而言：

一位女士在丈夫冷靜且客觀地指出她粗心大意的當下，情緒突然大爆走，不斷指責丈夫的種種不是，她的批評已經與原先的主題完全無關，而是一味的反脣相譏，而且偏離事實。

從上述例子可以看出歇斯底里人格易怒的個性與脆弱的自尊心，善意的批評與輕微的打擊都會使他覺得備受委屈；他的自我建立在狹隘的基礎上，像一個易爆物，自尊心稍微受點傷就會引爆他的怒氣，而這都與他害怕自己不值得別人愛有關係。

要手段是歇斯底里人格的侵略行為中很特殊的一種，從中我們也可以發現家庭是始作俑者：童年時他處於父母或手足的夾縫間，他穿梭挑撥、臨機應變，試圖處理各種爛攤子。長大後的他不自覺重複這些情境，他要陰謀、貶低別人、惡意中傷、不惜玉石俱焚、睚眥必報，總之手段非常多。歇斯底里人格傾向在「舞台上」發動攻擊，運用他與生俱來的表演天賦，劇本則依照當下的情緒撰寫，高潮迭起。怒火中燒、激昂的手勢與又哭又笑的抱怨，是他典型的表達方式；若是觀眾無動於衷，他的內在很快就會潰堤。

舉一個歇斯底里的女性為例，她痛恨男人且具有強烈的報復心：

> 她神經衰弱，身體又不好，最討厭聞到丈夫身上的雪茄味。為了顧及她的健康，即使寒冬丈夫也只能在陽台上抽雪茄。每當丈夫觀賞電視轉播的足球賽時，她就在孩子面前嘲笑他品味不佳，所有她沒興趣或自覺跟不上的活動，她都極盡嘲諷之能事。丈夫的教育程度比她高，推薦給她看的書她都覺得乏味透頂，因為她看不下去，也不願試著去閱讀。對於性生活她十分嚴苛，每次都提出不同的理由拒絕丈夫。她從各方面貶抑丈夫，卻不知自己是下意識的在報復父親，因為他總是偏袒比她聰明的姊姊。

再舉一個耍手段的例子：

一位病人接受治療一段時日之後告訴我，他也接受過另一位醫師的心理治療。這麼做是因為他想知道誰的方法對他比較有益。他對我說另一位醫師遭透了，又對另一位醫師說我不好。我們兩個醫師對他同時做兩種治療都不知情，因為他談到另一位醫師時，會佯裝那是好久以前的事。他讓我和另一位醫師鷸蚌相爭，他自己則坐享漁翁之利，如同他以前在父母之間扮演的角色。他這麼做是在報復父母沒有善待他：小時候他父母經常在他面前謾罵另一半，若爭取到他的同情，就認為自己打了勝仗。他重複施展這個報復手腕，像小時候得到父母獎賞一樣，不費吹灰之力。而他並未因此放棄兩個不同的心理醫師，這情形也和小時候一樣。

環境因素

是什麼原因造成一個人對既定的規律與必須做的事如此戒慎恐懼，逼得他把內心的衝動變得離心脫軌？先從天生的因素探討起：充滿生氣與情緒感受性、自發性強烈、想要傾訴、想要表達自己、想要與人溝通交流、想要把內心的經驗表現出來，這些都與社交性有關，也就是需要社交聯繫與被認同。當一個人具有這些特質，他會更依賴同伴，更需要他們的同情與肯定。這些特質若得到正面發展，他會充滿活力、心胸開放、適應力強、應變能力也不錯，對生活滿懷熱情——這樣的人永遠不會感到無趣；他需要刺激，而他自己也像一帖興奮劑。他天生迷人，通常長得也好看，處處皆贏得好感；他很容易就愛上一個人，也很容易討人喜愛，只因為他就是他。別人覺得他可愛，而他很清楚這一點。不費吹灰之力就成為萬人迷，有時候也會使他不受歡迎。他很早就曉得要運用自己的外在優勢，也認為自己所到之處理應受人愛戴。這樣的傾向若是變成嚴重的問題，就得看看環境的影響。

心理分析研究指出，四到六歲的階段最容易發展出歇斯底里人格。這個年紀的小孩逐漸脫離童稚、邁向成長，這時候他比以前更有能力，行為上也自主得多，接受新挑戰的時刻於焉到來：他將慢慢踏進成人世界，學習大人的遊戲規則；他認知到自己的性別角色，知道有個未來在等他；他不但要證明自己的能力，同時也與他人較勁。這些都意味著原先那種輕鬆舒適的日子不再，他處於真實的生活中，意志與能力都有一定的界限。

他的內心與外在的經歷愈來愈豐富。別人期待他謹言慎行、有責任感以及冷靜理智。總而言之，這個階段的孩子正接受真實世界的各種考驗，他將發現事情的真相，並且接受真相，這是成為大人的必經之途。

要通過這些考驗，他需要有個模範和榜樣，才會讓他心嚮往之。他一心一意想走的路，應該先前有人走過了，而成人世界必須具有吸引力，他才會心甘情願遵守其中的規矩與形式。

此時父母也面臨了新的挑戰。孩子逐漸長大，他們不再至高無上。小孩用批判的眼光觀察父母，求知欲一天比一天強，問東問西，希望知道為什麼這個不能做、那個卻可以做；小孩希望父母接納他是一個完整的個人，疼愛他；孩子最希望父母重視他對他們的愛，以及他有能力付出。男女有別而形成的不同行為模式，追求或征服，在這個時期初具規模，他也希望別人認真對待他。父母的人格是否成熟、是否具有理解力，關係到小孩有沒有一個健康的角色範本，以便探索自己，培養恰到好處的自尊心，並且認同自我。

在這個最需要領導與模範的階段，如果兩者付之闕如，就會造成歇斯底里的人格。一個孩子要能夠成長、認識人生的真實面、脫離稚氣，不再不知天高地厚，而是要負起責任，尊重約定俗成的規律——這個世界必須給孩子井然的秩序，他才能承擔這些新任務。父母也必須讓孩子勇於做自己。唯有萬事俱全，孩子才能健康成長。孩子還需要具備與年齡相符的能力、得到異性的肯定、當他努力完成任務時感受到喜悅，並且自豪於用正當的方式滿足了自己的自尊心。

讓我們想像一個五光十色或缺乏秩序的環境：孩子今天被罰了，明天好像沒這回事；孩子永遠是孩子，他不被要求什麼，因為他太小也太笨，所以也無需認真回應他的問題。想想那些在孩子面前演出全武行，以為反正小孩不懂，卻又要求小孩行為端正的父母。一旦孩子模仿父母的行為，卻被視為粗魯無禮而挨罰，正應和了「只准州官放火，不許百姓點燈」那句話。尤其是那些混亂、充滿矛盾又欠缺領導與模範的環境，孩子能獲致的方向與立足點實在少之又少。在這樣的情況下，他寧願當一個不用負責任的孩子。

舉個例子，以下內容來自一位少女的日記：

要與眾不同，別人才會注意到你。生病時媽媽會照顧你，太健康或太正常的話，別人會視為當然。所以，狡猾一點兒，要會演戲，一方面滿足別人的需求（做個陽光少女與上得了檯面的孩子，迷人地擁抱別人，保持甜美）；另一方面為達目的不擇手段。假若溫順還不足以討好所有人的話，那就讓別人為你操心，以便達到目的。病得愈嚴重愈惹人憐。青春期的時候問題陸續出現，尤其我的情況更糟。有一次姑姑來我家作客，當時我大約十二、三歲，像往常一樣衝下樓梯，緊緊摟著她的脖子。「不要這樣欣喜若狂，」媽媽警告我。「欣喜若狂是什麼意思？」我問道。「太誇張、怪模怪樣。」媽媽說。我壓根兒聽不懂，為什麼以往的「可愛」行為忽然變成了怪模怪樣？慢慢地我理解到，各種年齡都有不同的規範要遵守。大人會原諒小孩搗亂，對青少年就沒有那麼寬容。我學到新的方式，是當一個天真無邪的女孩，睜大眼睛，那無助、感動的眼神只看到這世界美好的一面。天啊，我真的天真極了。但如果誰說我天真得可以，我就會變得有計畫的天真。這使得男人不敢越雷池一步。昨天我向媽媽問起我小時候的事，她說：「妳在寄宿學校的時候，有時候我會把妳給忘了。我總是想妳在那兒過得很好，寫來的信都是開開心心的。」素來敏感的媽媽居然會被我那些經過學校審查的信給騙了！難怪儘管當時我苦苦哀求，卻還是得待在那裡。而對付這個問題唯一的武器，就是生病。

再舉一個例子說明環境會造成歇斯底里人格：

一位三十開外的男子因為恐懼症狀而前來就醫。看電影時他只能坐在某一個角落，他無法搭乘快車（「因為站與站之間距離太遠；如果我是火車駕駛的話還可以，起碼當我害怕時可隨時停車」），也無法乘坐電梯、開車過橋（他得下車走過去）。他更怕死了單獨待在房間裡，唯恐天花板會掉下來。他擔心自己會被這些莫名其妙的恐懼給逼瘋了。這幾年來他那些瘋了似的擔心有增無減。（他弟弟因精神病住進療養院，死在那兒。）

閱讀他從小到大的故事，我們就會明白他的恐懼從何何來：

他當獨生子的日子很長，弟弟小他八歲，而媽媽比較寵愛他這個老大。他爸爸是一個循規蹈矩、有嚴重強迫人格的公務員，每天都把公事帶回家，得等到吃晚餐時才露臉。媽媽背著爸爸溺愛他，偷偷塞錢給他、買衣服給他。當他在學校裡碰到難題或遇上其他麻煩時，媽媽責無旁貸地扮演他與這個世界之間的緩衝器。爸爸一概不知情，他對家事向來不過問，樂得耳根清淨。小時候他經常生病，媽媽更是百般疼愛；她丈夫比她大得多，乏味無趣，這樁婚姻委實令人失望，所以兒子成了她最重要的人，為了要抓住兒子的心，她對兒子言聽計從。

十七、八歲時，他和朋友搞起黑市買賣，收入頗豐，過著奢華的生活，女朋友多不勝數。媽媽知道他靠黑市賺錢，以爸爸平日的態度以及社會地位來看，想必會嚴詞譴責。（爸爸為人一絲不苟，如果坐上一輛擁擠的公車，沒辦法把車票交給駕駛的話，他會在第二天遞上兩張車票。）他常翹課，又擔心所從事的不法勾當哪天東窗事發。他具有雙重面向：在爸爸面前是乖兒子，轉臉又成了受母親掩護的不肖之徒。

雖然日子過得多采多姿，他的心臟卻愈來愈弱，伴隨著頭暈目眩的症狀。身體不適透露了他的行為在內心與外在都找不到真正的立足點。要他與父親看齊，但父親的世界裡只有工作，不僅吸引不了他，也因為父子之間聯繫甚少而難上加難。譬如他會在星期天走進爸爸的書房，那是平日誰也不准踏進去的地方，然後父子兩人遙遙對坐，爸爸看報，他則看畫報，誰都沒說話。他們根本無話可說，雙方都找不到話題而尷尬萬分。他覺得爸爸的生活方式很可笑，常在背後與媽媽一起嘲笑那個「老頭兒」，說他是怪胎。媽媽很年輕的時候就嫁給年長她許多的爸爸，看上的是對方的地位；她始終沒有長大，比較像是加入反對黨的孩子。只有在兒子身上她才找得到她渴望的「偉大的愛」，因此她無法給兒子堅實的指引，反而是把他給慣壞了。

這位病患在茫茫人海中找不著方針，不識腳踏實地為何物，時時覺得大難臨頭，所有的東西都將瓦解（天花板掉下來），什麼都承載不了他（怕過橋）。其他的恐懼則視情況而發生，譬如他害怕不能如他所願的「下車」；他怕自己「招搖撞騙」的行為隨時會被揭穿（伴隨頭暈目眩的症狀）。他擔心自己會發瘋當然與弟弟有關；但另一方面，陰暗的潛意識告訴他，他不能再這樣下去了。

比這種情況好的環境，所謂的「黃金鳥籠」，也會造成歇斯底里的人格。在這種環境裡，人們重視外在，爭取較高的社會身分比教養小孩重要，於是把孩子交給別人照料，但又不斷告誡孩子要記得「他是誰」以及父母在這個世界的地位。同學們羨慕他們，因為他們應有盡有，而他們也配合演出幸運兒的戲碼，否則好像沒良心。到後來，傲慢自大掩蓋住他們內心的淒慘，沒有人真正瞭解，甚至覺得生在這種家庭的小孩的確令人羨慕。

沒有父母做為榜樣的小孩，只有兩種可能：仍然以父母以及他們表面的價值為師；不然就是不把父母當一回事，孤立無援。等到孩子長大了，以前父母怎麼做，他便依樣畫葫蘆；要不就與父母對立，發誓絕對不要像父母一樣，但良好的示範依舊從缺。

另一種困擾是父母雙方的性別角色錯亂，媽媽獨攬家中大權，爸爸懼內。這裡說的不是社會上約定俗成的性別角色，而是陽剛與陰柔的氣息倒置。懼內的男人被妻子削去了權力，因此怕老婆；趾高氣昂的妻子因為痛恨男人，想與之一較長短，輕視自己的性別，因而變成男人婆。孩子沒有適當的性別角色可以效法，成長過程也很崎嶇，日後與異性相處時問題叢生。父母的角色恰如其分非常重要，如此一來，小孩才會認同父親／男性、母親／女性的形象。

我們的社會應該提供男女各種可能，讓大家接收性別角色的多樣訊息。男女應有的行為舉止業經眾人認可，這牽涉到從古至今或者理想中的權力分配，而我們正開始揚棄這些既定的模式，要解開傳統加諸男女身上的枷鎖。事實是，每一種文化的男子氣概與女子氣息都十分不同，我們要明白性別角色的訂定與時代有關，而非大多數人以為的，是基於生物學的條件。每個社會都男女有別，依照需要而設定角色，從孩提時代就著手教育。米德（Margaret Mead）在她的著作《男人與女人》（*Mann und Weib*）中舉了不少精彩的例子。

四到五歲的小孩如果體驗到父母婚姻的不幸，也有可能形成歇斯底里人格；那些做為父母一方替身的獨生子女更屬於高危險群。以他們的年紀而言，這個任務過於艱鉅，他們還不夠成熟，卻已經要向無憂無慮的童年告別。他們的身心尚未完全成長就變得十分早熟。做兒子的成為對父親失望不已的母親的安慰或盟友，任憑他負擔與年齡不符的責任；做為母親的知音，他必須付出代價，因為母親往往把他拉到與父親敵對的陣營，用母親的眼光來審視父親，父子關係因此常遭破壞。這樣的孩子無從體驗到敬愛父母雙方，坦率地向他們表露孺慕之情。他少年老成又不脫稚氣，與父親的關係形同斷層，以至於日後無法在成年男人的世界中證明自己。做女兒的情況亦同。無論兒子或女兒，與異性的良好關係都是從父母那兒開始的。

若孩子被安排了一個超齡的角色，他將喪失個人的完整性，沒有安全感，只能發揮別人要求的功能。離開了那個場景，大部分時候他仍然被視為孩子，有的時候卻得當大人，錯謬混亂；而當他無從滿足對方的期許時，自卑感隨之而來。

對生活不滿意，把自己做不到的寄託在孩子身上，利用兒女來完成自己的心願的父母，也會造成孩子歇斯底里的人格。這種父母非但沒有成為小孩的榜樣，也沒有好好引導孩子，只會把自己熱中的東西強加在孩子肩上，結果就是造成歇斯底里與憂鬱的人格。

如果小孩被迫扮演父親或母親的小太陽，也會導致相似的結果。這樣的孩子必須時時保持開朗、開心，行為無懈可擊，好讓父母高興。雖然他贏得父母的愛和讚賞，日後卻難以認同自己。他所必須扮演的角色很可能會成為他的第二天性，反而本性被遺忘了。如果長大以後這個角色也被抽離、不再被需要，將會引發嚴重的憂鬱症或精神崩潰。

更為複雜的情況是，不同於一般的生長環境，而是建立在特定的社會地位意識或少數人的共識之下的環境。在這樣的例子裡，孩子在家中學習到的觀點和行為模式雖然受到大人鼓勵，但那只在家裡有用，一離開家就行不通。往往等到小孩進入學校，驚覺自己無法把家中學到的技巧套用於外面世界，危機便應運而生。發現家裡那一套到了外頭一無是處，他苦悶又失望，舉手投足都沒有信心。

這樣的孩子時常會退回自己的家庭，如此的背景則會形成歇斯底里與分裂人格。

歇斯底里人格的核心問題在於患者沒有找到自己的身分認同。他也許走不出童年時期作為模範角色者的性格陰影，要不就是極力驅趕這個陰影，也可能就接收了強加於他的角色。

除了以上這些環境因素，極端壓迫、強制的環境，也是造成歇斯底里人格的溫床。歇斯底里變成小孩對抗強迫、限制、壓抑衝動的教育的手段。對峙之下，行為極端化，不分好壞一概予以否定，更在有意無意間把大人禁止的東西通通體驗一番。那些所謂「不成材」的小孩，往往就是這種嚴厲、矯飾作態或權威封閉環境下的產物；嚴格說來，這並非歇斯底里，而是一種反作用力。

接下來我們要從歷史著手，探討為什麼從前的人認為歇斯底里專屬於女性，就連歇斯底里這個詞也是陰性的，它源自希臘文「hystera」，意指子宮。這讓我們比較能夠理解，為什麼具有歇斯底里人格的人以女性居多。但這也提醒我們接受前人的想法時要更加小心。許多與人有關的說法其實缺乏學術根據，只是隨口說說而已；有的時候則是有意如此。

古代西方婦女的生活侷限在妻子、家庭主婦與母親的範圍內，生命的意義以及社會期待她們扮演的角色，就是守著家庭（「這裡頭住著一位貞潔的主婦……」，出自席勒〔Schiller〕的作品《鐘》〔*Glocke*〕的對白）。男人就大不相同了，他們可以盡情發展自我。因此，女人對伴侶關係的看法與男人少有交集。人們重視男人在社會上的表現，卻低估女人的成就，連女人獲得的報酬也遠低於男人，法律上以及經濟上都居劣勢。什麼都不利於她們，發展限於家庭，被迫履行男人與社會為她們設定的目標，她們的自我被壓在集體的偏見之下，甚至有很長一段時間，女人先是被認為沒有心靈，然後被剝奪了性自主權。父權之下女人的處境實在不值得嚮往。於是，不妨說歇斯底里變成她們唯一的武器，可以與強勢的男人世界對抗，趁機報復他們。我們幾乎可以說歇斯底里的行為是女人「發明」的，再高明的醫藥也治不好，男人一碰到歇斯底里的女人就沒轍，只有絕望的分兒。歇斯底里的行為不理性、不合邏輯、看不透、無人能懂，男人的理論與邏輯完全派不上用場：她怎麼啦？生了什麼病？她不要什麼、不能做什麼？狂風暴雨般的場面，她悲觀到瀕臨崩潰的地步，甚且以死要脅。男人一頭霧水，宣告投降，他可不希望用尼采的皮鞭來「馴服」這個「倔強」的女人，唯恐壞了兩人的關係。性被貶抑為「婚姻義務」，使得女人「冷感」，男人於是再一次責備女人。擁有權力、占有財產的傲慢男人，小心掩飾對女人的畏懼，他害怕「另一種」生活，那看起來是如此危險。愈看重自己英雄氣概的男人，心中的戒慎恐懼就愈深。憑藉天賦異秉的潛意識，女人發覺歇斯底里可以抗衡男人的不可一世，自我防衛與報復得兼。典型的歇斯底里現在漸漸銷聲匿跡，這可不是天外飛來的，而是現代平權、不受壓迫的女性已經不需要它了。

由此可以看出歇斯底里的起源：壓迫、輕視、箝制、強迫以及不瞭解自己的伴侶和社會。歇斯底里變成一種反彈的行為，與性別無關。其他會造成歇斯底里人格的環境也非關性別。

我們一一介紹了形成歇斯底里人格的背景，患者懼怕既定的規律及責任義務。當他們從成長所學到的行為模式無法為他們帶來成功時，他們感到深深的失望；他們預期成功會來得更快，而非失敗。他們對自己的能力沒有足夠的信心，於是他們更加渴望得到別人的認同。這導致了歇斯底里似的惡性循環，而唯有透過持續的吸收知識及發展技能才能打破這樣的循環。我們也因此更加理解何以歇斯底里的人具有強烈的感受性：他對自己和生活不滿，亟欲尋求刺激與不斷的變化，以為如此可以帶來新的希望。這樣的人老是以為應該改變的是別人，而不是自己——認知到這些對治癒將有所助益。

對這樣的人來說，接受真實的世界，熟悉箇中的遊戲規則，理解並且接受這些規範，也是很有幫助的。他需要勇氣與過去的想法一刀兩斷，唯有如此，他才看得出真實世界的正面意義，在真實的世界獲致滿足與實踐的機會。

歇斯底里這個詞大多帶有貶義，實在奇怪；大體而言，我們比較同情強迫、憂鬱或分裂人格的人，知道他們的靈魂受著折磨。當我們形容某人歇斯底里時，彷彿自己比較高尚。這大概與歇斯底里的人裝病、情緒起伏有關，也可能是我們沿襲了舊有的成見。歇斯底里是一種病症，過程歷歷可見，與其他的精神疾病一樣，患者也深深受苦。單看表象的話，歇斯底里的人多半生活優渥，我們不認為他們有生病的權利，而這也會加深我們的偏見。這樣的看法有待修正，只要我們能瞭解他們的生命故事。畢竟每個人都有陰暗或不夠完好的過往，有些人對早年的坎坷心存感激，將之轉化為助力，因此成就斐然，但我們難道不應該更同情且包容那些沒有這麼幸運的人嗎？

歇斯底里人格的故事

以下要舉一些例子。

一位富有的女士來找我，她認為自己有充分的理由怕她十六歲的兒子會變成同性戀。與她談話時我明顯感受到，她非常在意自己的容貌：她把椅子往後推，露出臉部的最佳角度，讓比較腫的那一邊落在陰影下（她為今早拔牙而腫起的臉頰道歉）。另外，她極力讚揚自己是稱職的母親，卻瞧不起丈夫，不斷加以批評。與她的兒子談話之後，我得到了下列的故事：好些年了，他父母的婚姻糟糕透頂，卻基於社會理由沒有離婚。母親經常長途旅行，每次都把兒子帶在身邊。兒子於是成了小小的騎士；他們住在豪華旅館裡，在同一個房間裡過夜，即便兒子春青期時也一樣。母親很嫵媚，很喜歡在兒子身上試試自己的吸引力，毫不遮掩地在他面前穿衣脫衣。若是她發覺兒子有點興奮，努力壓下好奇心又顯得靦腆時，她便覺得兒子很「可愛」。她讓兒子像個僕役一樣崇拜她。接收了母親分配的角色的這個兒子，一旦在旅館的餐廳裡「擅自」點菜的話，做母親的就當著服務人員的面前像哄小孩一樣，告訴兒子不可以這樣做。他僅有的功能就是崇拜母親，如同一個玩具。母親破壞了他與父親的關係，教他討厭父親，如果他投向父親懷抱的話，母親可會吃醋。父親感覺得到兒子的冷淡，但不知如何贏回他的心。母親占了時間的優勢，做父親的不常看到自己的兒子，但不屑於炮製妻子的手段。兒子以為父親不在乎他，他心想母親說得對，父親不如母親那樣疼愛他。這位女士要兒子按照她的意思行事，做為一個報復的工具，從來沒想過這會對兒子造成什麼樣的影響。她把不幸福的婚姻歸咎於丈夫，因為他「不夠愛她」。

一名可愛的獨生女，父母之間問題重重。媽媽利用她來滿足自己愛出風頭的虛榮心。女孩四歲大的時候，就得充當童裝模特兒，媽媽則坐在伸展台下觀看。女孩非常擔心自己會出錯或台步走得不夠優雅；媽媽冷厲的眼神讓她膽顫心驚。進行順利的話，媽媽會在人前擁抱親吻她，充滿母愛的畫面十分動人；若是有任何散失，女孩就得在家挨一頓罵，警告她不得再犯，然後繼續訓練。女孩覺得，只有當她沒有讓媽媽失望、一切表現良好時，才能得到母親的愛。再者，在外的表現比什麼都重要，好像是這世上唯一真正重要的東西。別的孩子對她的讚美中夾雜著嫉妒，不太能安慰她。後來她成為廠商爭取的模特兒，事業上頗有成就，但她卻愈來愈怕老，因為她的存在以及自尊心都建立在肢體的魅力上，對男人也是如此。豔遇不斷的她並不感到滿意，一心渴望能邂逅「真愛」。她希望自己永遠三十歲，過了三十歲，人生還有什麼盼頭？母親嚴格控管攸關她身價的體重，只要稍微增加，她就陷入不可自拔的抑鬱中。母親還規定她只能與多金的男士交往，指望女婿的財富給女兒帶來安全感，晚年有個依靠。她自殺未果，但幸運的是，她來做了心理治療，這才看清亮麗的外表下的不幸。這是她的工作以及類似職業常見的宿命。

一位嚴重歇斯底里的婦人嘗試操控她的丈夫。她的父親在家中也是個丑角，雖然賺錢維持家計，但一點分量也沒有。她認為丈夫充其量是賺錢的工具，她待在娘家的時間比在夫家多得多，母親也很支持她的做法。丈母娘經常奚落女婿，認為下嫁的女兒受委屈了；女婿是教師，生活雖有保障，但畢竟不是富可敵國。她煽動女兒盡量壓榨女婿，讓自己過好日子。女兒一一照辦，荒疏家務，也不生小孩，認為丈夫應該以擁有她這位美嬌娘而心滿意足。起先丈夫還挺欣賞妻子的個性，希望兩人有了小孩以後問題能迎刃而解。但事實當然不如他所盼望的，妻子執意要與岳母密切往來——她比較像是岳母的女兒，而非他的妻子。於是夫妻倆漸行漸遠，他有了外遇，妻子決絕的把過去一筆勾銷，也不認為自己該負些責任，只記得丈夫不忠，怨懟頗多。她根本不打算反省自己的行為，與丈夫開誠布公地談，畢竟其中有太多真相與令人不安的反躬自省，要承擔的後果想必很累人。

這個個案的女士尚未剪掉與母親之間的臍帶，她深陷泥淖中，全盤接收母親的規矩和觀點。與幼時照顧者的臍帶沒有完全脫掉，是歇斯底里人格的一個特色。以下再舉一個例子，說明環境的影響：

P小姐是獨生女，父母的關係很糟。她爸爸是位豪情萬丈的政治家，事業成功，在家卻很專制，自以為是，而且容不下異己，是個不折不扣的暴君。媽媽來自父權至上的家族，像帶著小雞的母雞般惶惶不可終日，無法獨立，抱殘守缺信奉原生家庭的偏見。她從未認真思索做人與生活的種種，沒有自己的見地；從小接收到的觀點對她而言堅不可摧。她對自己愈沒信心，愈是要活在以男性為主體的世界中，因為她自認瞭解男人，不會有任何問題。

她敬仰成功的丈夫，凡事都聽他的（「你比我懂」、「我完全同意你的看法」，她認為賢妻當然要與丈夫看法一致），她樂得居下位，婚姻並沒有讓她成長，反正丈夫也不在乎這個。她順從，把丈夫照顧得無微不至，丈夫出差回家，她竭盡所能侍候，讓丈夫滿意。話說回來，丈夫卻只覺得她很乏味無趣，缺乏自主性。她不把自己當一回事，丈夫也就不認真對待她，不多久就有了外遇。她跟蹤得知姦情，丈夫也不否認。若離婚她就得靠自己過活，所以她不考慮；丈夫覺得在外探險的同時有一個舒適的家，是再理想也不過，何況離婚會影響他的名聲，所以也不考慮。她不知如何是好，一哭二鬧三上吊，丈夫只覺得沒意思，更加心生反感。日子照舊過下去，她愈來愈依賴女兒，女兒還小時她就對她傾吐心事，不但要女兒分擔自己的痛苦，還成功地讓女兒覺得爸爸很可惡，進一步認為男人都該死。她溺愛女兒，處處為女兒著想。而比起忙碌、常出遠門、沒有耐心又反覆無常的爸爸，女兒當然比較喜歡她。

女兒進入青春期，蛻變為亭亭玉立的少女，爸爸開始注意到她，與她打情罵俏，讚賞她的身材，且逾越父親的尺度撫摸她。顯然現在她偏向爸爸那一邊。父女兩人發展出染上情色的關係，做女兒的由此察覺到自己身體的吸引力。此時爸爸變成素來疼愛她的媽媽的對手，女兒感到很為難。做父親的以他的男性氣息吸引她，使她萌生新的自我價值；另一方面她面對媽媽時又常覺愧疚不安，因為爸爸一旦在家，媽媽就被貶為管家。她與爸爸從事許多有趣的活動，如外出、逛街等等，這是她專屬的權利。把媽媽排擠在外，她有一種隱約的勝利感——只不過她擔心會失去媽媽對她的愛，因為以前她一有任何問題，都是找媽媽解決，媽媽也沒讓她失望過，給了她許多關愛。

她的內心被這兩種矛盾的感情絞得四分五裂：爸爸代表「寬廣的世界」，他的生活風格讓她心生嚮往，而且她很清楚這種風格與媽媽絕緣；媽媽過於謙卑，不懂得享樂，對那個她無力堅持己見、勢必要失去丈夫的世界深懷畏懼。

父母分居後，問題變得更尖銳。爸爸搬到大城市去，女兒與媽媽按照原來的方式過日子。爸爸離開意味著「寬廣的世界」消失了，她於是重回媽媽的懷抱。每當女兒想展翅高飛，把她一個人留在家的時候，她就愈是百般溺愛，以喚醒女兒的罪惡感，好讓女兒待在她身邊，態度一如在男人面前那樣恭順。對爸爸失望的女兒，在媽媽這兒予取予求。潛意識中對父親的認同，以及為了平衡失去父親的損失，現在輪到她來指揮媽媽，學著爸爸的德行與媽媽相處。這兩個女人把昔日的婚姻生活重新搬上舞台，只不過這回女兒飾演爸爸的角色；她像爸爸一樣挑剔媽媽，讓媽媽照顧她、服侍她，稍有不滿就大發脾氣。而做媽媽的害怕失去女兒，只好忍氣吞聲。

後來父親邀請女兒到城裡作客，兩人見面卻是十分疏遠。她已經長大了，出落得更加標緻，得意的父親帶著她這位窈窕淑女出去，男人看了她眼睛滴溜溜轉，而父親也寵她像寵女友一樣，儘管時間短暫得可以。爸爸給媽媽的錢不多，母女生活拮据，但在有限的相處時日中，他把生活的光華慨贈給女兒，帶她上高級餐館、買昂貴的衣服和首飾、去聽歌劇等等。閃亮耀眼的光華來得突然，也在不期然之際離去。女兒回到媽媽升斗的世界，那些服裝與首飾以及被喚醒的需求無處容身；她心中的不滿卻有增無減。

由此女孩學會了抱持著自己的能力所無法滿足的期待。她覺得這些期待是她的權利，而她這麼想也不全然是錯的，因為她父親確實可以讓她期待成真。但如果做父親的更加關心女兒的發展，情況也許全然不同。至於懦弱、怕孤單的媽媽則希望把女兒拴在身邊，免得繼丈夫離去後也丟了女兒。她不在乎孩子是否該學一些有用的技能，因為這將破壞兩人相依為命的現狀。做父親的說：「我女兒哪裡用得著上班賺錢。」白手起家的人以自己闖出的成績為榮，認為下一代不必像他們那樣辛苦，卻忘了好吃懶做的惡果。她沒有一技之長，潛意識中覺得仰賴父母供給就是報復他們，「我沒有歸屬感都是他們的錯，他們當然要繼續養我。」另一種說詞是：「我的手活該凍僵，誰叫爸爸不給我買手套呢。」絕望與悲傷隱藏在這陰森的幽默中。

P小姐長大了，款款動人，不太好伺候，深諳盛裝出場的藝術，遺傳了爸爸的與眾不同，但沒學到他的才幹。她不工作，像等待王子營救的睡美人，可惜王子不曾出現過，因為她不屬於那個圈子。樸實一點兒的男人她又看不上眼，認為他們「太窮」。在外頭她神氣、挑剔且信心十足，事實上內心仍然是個弱小、不安的女孩，手足無措黏著媽媽。她盛氣凌人的外在是一匹隔開了真實世界的綾羅綢緞。她習慣帶著些微鼻音輕聲說話，覺得這樣才高尚，第一次與她見面，別人會以為她是出身「良好」但生活乏味、不經事的大小姐。

P小姐愈來愈膽怯，沒有媽媽萬事皆不通，甚至無法自行外出。她怕喧譁吵鬧，身體上的反應是心跳加快、暈眩以及失眠。媽媽陪她遍訪名醫，帳單則寄到父親那兒，他氣得差點拒絕支付。事實上，她害怕面對真實的世界、證明自己的實力、學習技能以及下決心，她也害怕長大。現在更是辦不到了，因為她病了。媽媽是她的守護神，是她與這個世界之間的緩衝；她對生活充滿期待，白日夢一個接一個，卻沒有能力實現。處處靠著媽媽，媽媽就不至於對她這個女兒大失所望；她要報復父母，生病終於給了她一個「合法」的辯白，他們不能不愛她。

依時間序來講述這個故事稍嫌簡化了些，但是所有造成歇斯底里人格的環境都有相似的特色，概括起來如下：父母貌和神離，把問題加諸小孩身上，尤其是獨生子女；缺乏正確引導以及性別的模範；充滿矛盾且與真實世界脫節的環境；太依賴父親或母親；無一技之長與足夠的知識；對未來的嚮往混沌不明；無法找到自我認同。

P小姐永遠不知道什麼叫做「事實」；是爸爸寬廣的世界，或是媽媽狹小但溫暖且溺愛的世界。她如何能夠做自己？當個風情萬種的淑女嘛，怎麼樣才算淑女？像媽媽一樣嗎？那多無聊啊！如果媽媽撒手人寰她怎麼辦？想都不要想，儘管讓媽媽折磨她、利用她吧，至少媽媽疼愛她。這兩位女士的關係沒有出口。

她們都太需要彼此了，所以無法放手。其中之一的成長會威脅到保護著她們的關係，也會逼著她們成熟，而那是她們所害怕的。身體的病痛是女兒依然健康的部分自我所發出的警訊，認為事情不能再這樣下去。

烏麗克是第三個孩子，上面有兩個姊姊，父母有些失望，因為她不是男孩。失望歸失望，父母不死心地要把她調教得像個男孩。她被稱為「伍立」，穿男生的衣服，留短髮，大家都說她真像男孩。她喜歡聽到別人這麼說，也順著父母的意思裝扮自己，舉止也像個男孩。她只跟男生玩在一起，做男生做的事，如果有人告訴她，她簡直可以與男孩一較長短，她會很得意。到了青春期時，她的女性性徵出現了，她很不快樂，月經來的那幾天她總會特別賣力，絕不要落在男生後面。後來她蛻變為一位標緻的姑娘，男孩氣息增添了她的魅力。從小到大，男生都是她的哥兒們，所以她很自然、也很天真的與一位男子結伴旅行，共度週末。當對方對她有進一步的要求時，她驚愕又憤怒，激烈地反抗。

她的父親嬌寵三個女兒，像崇敬女神一樣地狂熱，以為女兒個個出類拔萃。他像個「發明家」，不斷發現女兒的天賦，儘管三個女兒其實都很平凡。全家人都為可憐的父親感到不甘，遺憾他懷才不遇。

烏麗克有演戲的細胞，在學校裡表演時頗獲好評。父親突然決定要她完成未竟的功業：當一名演員。於是她去上了表演課，是幸也不幸，她的外型很適合某一個角色，因此獲得初試啼聲的機會；是她的外型而非演技，讓她得到這個角色。之後，她再也沒有獲得演出機會，父親寫了一堆附有她照片、誇張地形容她演技的信給劇院和經紀人。她被帶到各地面談，因為天資有限，父親的溢美之詞她消受不起，更覺得放不開，屢試屢敗。這期間她嘗試找別的工作，但心裡並不打算放棄演戲，終究因專業能力不足，不是被解僱，就是試用期滿後主動辭職。二十五歲那年她因恐懼開始心理治療：她無法獨自走出屋子，沒有工作能力，感到困惑又無助。

這是一個重拾女性身分的例子，我們從中得知，要一個磐基不穩的小孩達成父母的願望有多艱鉅。

補充說明

歇斯底里性格的人活在謊言築起的城堡中。真實性是他們最根本的問題，他們所扮演的角色正反映了他們內心對真實的排拒。

對他們來說，宗教信仰的束縛不大，主要是為了實用目的，他們不曉得自己哪一天可能會需要它；在此，我們再次看到，表相比實相重要，行禮如儀即可。懺悔與告解後，所有的過錯就可以被原諒，又可以像純潔無瑕的新生兒一樣重新開始，對此想法他們深表贊同。他們喜歡把上帝想成慈愛的父親，想當然耳這位慈父必須對他們疼愛有加，最得他們的心。許多歇斯底里性格的人像孩子一樣、天真、相信奇蹟，他們會輕信保證治癒的承諾，未做任何努力就希望達到目標，因此常是某些非主流教派的虔誠信徒，他們的情感需求在其中獲得滿足。接受心理治療時，他們偏愛催眠：動動手指頭就決解了問題，自己不需要做什麼，豈不理想！

倫理觀念方面也是一樣天真，不願受到約束，把所有的事情都加以比較一番，過錯推諉給別人，就是不會反躬自省、自我批判，因此鮮少從危機中學到教訓。

在歇斯底里的案例中，最終要處理的是我們每個人或多或少都會面臨的人的問題，因為我們都經歷過不同的成長階段，也在不同程度上體會過他們的恐懼及被賦予的困難任務。我們熟悉那種為了讓自己好過一點而把自己的缺憾與罪惡感投射到別人身上的情況，以及集體感知的危險性。歇斯底里的人會在群體中尋找「敵人」，必須找出一兩個可歸責的對象好平反他的過失。每個人、每個宗教團體和種族都有這個傾向。這種做法會被肆無忌憚的當權者給點燃，或者用於政治與意識型態上。戰爭、種族仇恨與宗教戰爭，往往是這類失去控制、腥風血雨的投射心理所引爆。誰不希望卸下心頭的重擔、洗滌罪惡呢？憂鬱的人將所有的不安與歉疚都往自己身上攬，歇斯底里的人則走相反的路線，他忘記或否認自己的過錯。說來很巧，德文的「流逝」與「犯罪」是同一個字，含括時間以及道德操守，我們不禁要問——我們的過失會隨著時間流逝嗎？你我性格中歇斯底里的那部分將不會反對這個論調。

具有歇斯底里人格的父母和老師熱情洋溢、有影響力、也有說服力，讓小孩覺得生活美好，生命充滿價值。他們的感情不會每天都一樣，說風是雨，卻不見得可靠。孩子強烈地感受到這種父母的愛，以父母為榮，覺得他們很了不起。這樣的家庭「氣氛」讓人覺得熱情好客，很多人會巴不得自己也擁有這些特質，直到他們看穿這些表相。嚴重歇斯底里的父母缺乏一貫的教育方式，一會兒孩子是心肝寶貝，轉臉又冷漠非常，十分情緒化，不夠客觀，小孩往往不知所措，永遠不清楚如何評估情況。他們陰晴不定的性格搞得小孩誠惶誠恐，對生命產生錯誤的期待。每當歇斯底里的父母讓孩子失望了，或者要求孩子放棄什麼，就信口許諾渺茫的未來（「等你長大」），然後拒絕討論細節，只想要孩子聽他的；小孩於是學到，放棄一樣東西，就意味著另有獎賞，以為未來的日子會充滿驚喜，或早或晚承諾會兌現，陶醉在幻想之中，卻沒有面對事實：這種期待不太可靠。

歇斯底里的父母讓他們的孩子帶著圓鑿方枘的態度踏上人生之路，孩子的認知既不理智也非放諸四海皆準，日後只會讓孩子對自己和人生都感到失望。他們一方面希望小孩黏著他們；然而，一旦孩子有所要求、變成負擔、要他們負起責任時，便出其不意把孩子推開。如果孩子試著理解問題所在，會有被遺棄的感覺，這才發現那些信誓旦旦不過是美麗的詞藻罷了。歇斯底里的父母無法忍受兒女的批評，覺得委屈不平，對他們來說認錯有如登天般困難——強迫人格的父母不願承認錯誤是為了保有權威以及完美主義，歇斯底里的父母則是虛榮心與自戀作祟。如果兒女追究起來，要他們給個說法，他們根本置之不理，只是再三強調給孩子最好的、為此犧牲頗多等等，使得小孩為自己的不知感恩而歉疚不已。要這樣的人嚴肅面對問題可不容易。

同樣棘手的是他們訓練孩子早熟的傾向。他們認為孩子理應光耀門楣，不許讓父母失望，否則就得不到關愛。最糟者，也是他們最常做的，是賦予兒女重責大任，讓自己有面子，逼迫小孩代為完成他們自己未竟的心願；想想那位模特兒女孩的例子。

政治方面，歇斯底里的人喜歡加入標榜自由或革命的黨派，倒不是因為愛慕虛榮，而是基於某種不滿，以及對未來模糊的期盼。做為革命分子，他們不像分裂人格那樣驃悍堅持；他們對進步充滿天真的信心，認為新的就是好的，只因它新奇、不一樣。這與依戀舊事物的強迫人格南轅北轍。根據莫洛亞（André Maurois）的描述，英國有名的政治家迪斯雷利（Benjamin Disraeli）的性情就十分歇斯底里。做為政治家，歇斯底里的人魅力十足，演說的功力讓聽眾如痴如醉，喜歡做大而無當的承諾。他們的領袖氣息渾然天成，因為領導者只需發號施令、指點新路線，毋須從事繁瑣細碎的工作。他們也可能媚惑群眾，技巧的利用選民來幫襯自己的願望，只要目的達到了，就再也不管這檔事；有時他們像大膽的賭徒，投下大賭注，遭遇挫折後則會像不倒翁一樣立刻再站起來。

歐斯底里的人可以從事任何與其人格特質相符的工作，譬如需要察言觀色、機伶、與人交往、適應力強，同時又能讓眾人注意到他們、滿足他們個人渴望的行業。位階高、需要周旋交際、具有象徵意義的職業，最能讓他們發揮，因為他們很容易把榮耀與光環當成自己的一部分。雖然位居要津，但他們不認為需要履行什麼義務。地位與名聲的功用在於使他們光芒四射，由此不難明白他們為何對勛章和頭銜情有獨鍾。他們也適合與人密切接觸的行業，可以滿足他們喜歡與人交流、渴望「觀眾」的需求。他們是天花亂墜的產品代言人、強力促銷的售貨員，能夠把滯銷商品吹噓得讓顧客怦然心動，有本事讓只打算買一條領帶的客人買下一整套行頭。他們在各行各業都很能發揮，與個人魅力、姣好身段、機智敏捷以及見獵心喜有關的工作最得心應手，是即興表演、製造驚喜以及突襲戰的常勝軍。能夠帶來「寬廣世界」和「美好未來」的職業吸引著他們，譬如模特兒、企業老闆、珠寶與美容業、旅館從業人員。事業有成時，他們歸功於個人特質，而非產品優良，因此對於提拔他們的人最為感謝。若擁有相當的才華，他們高遠的目標與高超的幻想力、絕佳的表達能力以及喜歡上台表演的特質便會昇華為藝術，在演藝與舞蹈界適得其所。

年老與死亡是生命中無法避免的事實，躲得了一時、逃不了一世。歇斯底里的人不習於接受事實與規範，他們傾向閉上眼，能不看就不看。人當然會老也會死，他們並不否認，只不過他們認為那只適用於別人身上，與他們無關。他們用盡方法要青春留步，幻想著永遠有一個蘊藏無限可能的未來在等著，樂意嘗試保持青春的各種方法與實驗，也聽得進肉體消逝、精神長存的道理。他們排拒死亡，不願立遺囑，也不交代事情，身後往往留下爛攤子要人收拾。年紀漸大，當死神的陰影逼近，他們的行為會突然逆轉，讓人莞爾想到年老色衰不得不從良的應召女，仔細觀察會發覺這樣的人多為投機分子，所以改頭換面的真實性疑點頗多。也許他們真的懂得如何體面地老去，美化個人歷史，活在人們記憶中，而記憶的腳本必須按照他們的意思撰寫，擔綱主角的當然是他們自己。有些歇斯底里的人果真如願以償，連揮別人間都優雅漂亮，謝幕時的演出讓人難忘，像巨星般隕落。

藝術是歇斯底里人格的最愛，創意在藝術領域得到發揮，內心的痛苦呼之欲出。有些人有自我宣傳的癖好，他們文采斐然，擅長自傳和描繪自己，形象生動、奇幻、充滿活力是他們的特色，但形式對他們來說並不重要。他們特別喜歡耽溺於白日夢與冒險犯難，把不切實際的想法帶入日常生活，被夢幻與不切實際的理想牽著鼻子走，與真實世界愈來愈疏離——只有藝術家才能把幻想轉化為創造力。

具有歇斯底里人格的人所做的夢往往反映出他們的問題所在：輕鬆就能達成心願；幻想的色彩濃厚，且因為少了真實世界的規律，所以夢境像是童話。他們經常夢到解決問題的簡單方法，譬如當處於沒有出路的困境，他忽然之間飛了起來，或是一瞬間有了法術，救星驟然出現，助其脫困。壓抑的恐懼也常在他們夢中出現，譬如踩在搖晃鬆動的土地上，或突然站在懸崖前——都是騎兵渡過博登湖的畫面★。他們的夢多半有色彩、生動、情節緊湊，即使夢境很長也記得一清二楚。夢中艱鉅的任務往往是由另外一個人承擔，而非做夢者本身。

假如我們試著描繪健康但帶有輕微歇斯底里性格的人、歇斯底里人格到嚴重的歇斯底里患者這個不同程度的光譜，可以看到：活力有衝勁、愛自己與渴望認

★譯按：指不期然的凶險。

同；自戀般追求肯定、希望成為焦點；強烈尋求認同、社交上癮；爸爸的公主或媽媽的王子、無法離開原生家庭而自立的人；不可靠、扮演另一個角色、逃避現實、招搖撞騙；不願長大的人；痛恨男人或女人、不接納自己的性別、同性戀；「閹割」、毀滅、極端仇視男人的女人；唐璜般的獵豔、藉此報復女人的男人；恐懼症、伴隨身心症狀的嚴重歇斯底里人格。最後一種病徵未必全然表現在器官組織上，比較偏向於肢體（麻痺癱瘓）。

健康但帶有歇斯底里性格的人喜歡冒險、張開雙臂迎接新事物，具有彈性、活力、熱情洋溢且吸引人。他是個很好的旅伴，在他身上總是找得到樂子；他熱愛每個開始，對生活抱持樂觀的想法。每一個開始意味著機會的大門敞開，住在裡面的魔術師將會跳出來實現他的願望，就像本章卷首的引言一樣。他活力充沛地做著每一件事，向僵固的傳統和教條挑戰，擅長以魅力征服人心。說不定除了他自己，沒有什麼能讓他嚴肅以待。他擅長激勵和設定目標，不喜歡執行曠日費時的計畫。正因為他缺乏耐心、充滿好奇、不把過往當一回事，別人看不見或視為阻礙與界限的，他卻能夠看見其中的機會並且加以掌握。他特立獨行、勇氣十足，人生之於他是一場華麗的冒險，生活應該盡可能豐富、熱烈且多彩多姿。

結語

如果我們能多瞭解別人一點兒，就會比較寬容，驕傲與自大將不復存在。——哈菲思 Hafis

本書所探討的四大恐懼原型存在於每個人的心中，我們都應該深入瞭解。當我們愛上一個人、有所付出的時候，心情難免千迴百轉；把自己交出去，多少會擾亂我們原有的生活、私人的空間以及人格的完整。每一次打開心扉、心有所屬、愛戀一個人的時候，我們不由自主地處於手無寸鐵、感情敏感脆弱的情境，妥協讓步，把一部分的我交給另外一個人，可說不無風險。害怕失去自我的恐懼油然而生。

每個人都遭遇過害怕做自己的感覺，害怕做自己的徵兆不勝枚舉。獨立自主的同時，人與人之間的共通性及一致性將縮減，其中最具代表的就是孤寂感增加了。愈是勇於追求自我，隻身處在荒島上的感覺就愈強烈。

害怕生命、事物終將消逝，這種恐懼糾結在每個人的心頭，我們時時要面對故事結束、事情停頓、生命遽逝的事實。雖然我們非常想擁有一樣東西，希望它是一首未央歌，然而人事物終止的剎那，我們噤若寒蟬，無力抵抗。這是一種對世事滄桑多變所懷有的憂懼。

定數、規律與事實也使人想逃。形諸於外的恐懼有很多種，最主要的是怕被一成不變的東西給束縛了。愈是嚮往海闊天空、心想事成的自由，現實人生中的不渝不懈和各種界限就更令我們聞之色變。

人活著的一天，這些恐懼便如影隨形、寸步不離，而我們是否成長成熟與它們有密切的關係。我們若試著逃避這些恐懼，焦慮憂愁便不斷侵擾。形形色色的恐懼症狀不厭其煩地在我們身上投石問路，目的就是要引爆埋在我們內心深處的恐懼炸藥，唯有識得廬山真面目，我們才能一探究竟，與之斡旋調解。假設我們不把時不時的一陣寒顫當一回事，並加以淡化處理，乍看之下似乎無憂無慮，其實不然，壓縮變形的不安感只會更加折磨我們。因此，我們應該把突如其來的恐懼當成一種警訊，暗示我們「哪裡不對勁了」，它或許是一個我們不願親歷的處境，或是一樣我們不曾正面迎戰的東西，它必定十分重要，而我們用害怕做為封條，把它密封在心靈角落。我們的人生能否跨一大步繼續向前，端看我們願不願意坦然面對心中的恐懼，避而不談只會使我們的心靈麻木，人性中的關鍵質素也會被抽離。

恐懼的基本型態含義深遠，它並非我們避之唯恐不及的禍害，而是我們幼年時期成長的重要因子。每當恐懼的巨大陰影籠罩心頭，表示我們正處於人生的關卡，面臨重大的挑戰；如果我們先行接納，並且嘗試克服恐懼，新的力量將在我們身上萌生。每戰勝它一次，我們就淬鍊得更堅韌。躲避恐懼形同不戰而降，只會削弱我們的力量。

本書中援引不少真實的個案，我們從中可以得知，每一種恐懼都有一個前身，與我們的成長經歷有關。成年人害怕什麼，恐懼來襲時的規模與強度，在在涉及童年時期的經驗。有愉快的童年、沒有遭遇不尋常經歷的人，人格的基礎磐根穩固，一般來說有能力消化恐懼，至少不會在恐懼面前潰不成軍。

有的人小時候獨自承受了超越年齡所能承受的恐怖經驗，當時沒有人對他伸出援手；長大後，當他再度身歷恐懼情境時，昔日未經消化及處理的恐懼將與此重疊，心裡的壓力備增。心理治療可以幫助我們找出心頭烏雲密布的原因，讓我們在心理上重返現場，讓我們知道現在的我們有信得過的朋友、生活有希望、行為思慮謹慎周詳，也有勇氣，在在勝過稚弱的當年，足以處理這些難題。

詩人里爾克曾說：「想辦法讓他再過一次童年，經歷懵懂與驚奇，讓生命萌芽的初始成為豐富的傳奇故事。」很深奧的說法。只可惜大多數人的童年不是這樣，我們生命的初始幽暗、充滿不確定，既不豐富也不多采，而且無知，絕不可能通曉一切，受到的挫折多於驚喜。心理治療也有助於我們澄清過往對我們的影響，讓舊傷癒合結疤。性格與環境（我們把廣義的環境稱為定數），這些不容改變的東西揑塑出我們童年的雛型，壓鑄出來的模式在成年後持續發展。幼年時那些我們以為無法改變的定數，因而極力忍耐的人事物，也可以藉著心理治療，揭開傷口，做適當的彌補。

必須要提及的是，幼年時期所處的社會的重要性。如果那個社會若有似無，並不表示它的影響不大，而是因為父母是襁褓小兒的主要照顧者，父母會把他們對社會的觀點直接傳遞給小孩，包括專制與否、是否在意小孩的表現、宗教觀以及對性的看法等等。因此，父母所屬的社團、文化、社會階層，以及他們所奉行的意識型態，都會把特定的觀點、批判與挑戰移轉到孩子身上，這些價值觀會在小孩心中烙下印記，往往具有社會功能。我們的社會和國家等都應該好好研究這四大恐懼的原型，可以從中找出主流意識形態的痕跡。

這四種恐懼的基本型態，亦即四種基本動力或挑戰，適用於每一個人，屬於我們生命的一部分。原則上，我們可以不斷地從這四種恐懼原型中找到人生各種處境的解答。人與人之間的關係，每一項任務或挑戰，我們都可以根據這四種類型調整自己：因為瞭解自己而與恐懼保持距離；認同恐懼，像接受法律一樣接納它，或者按照自己的願望改變它的面貌。承接一項重要的任務、做出重大決定、人際往來、思忖為何老天如此安排，答案盡在這四種動力中。困惑有了解答，我們處理事物時不至於亂了方寸，做決定的時候很清楚這一路走來的脈絡，並能展現出自己的生命力。不僅如此，這四種力量經常在我們處理人際關係時，爭相推擠而上。以教育為例，做老師的一方面要與小孩保持一種讓他能自由發展的距離，好讓小孩認識並接納自己；另一方面又要關愛小孩，好讓孩子信任並知道老師瞭解他。為人師者恰到好處的嚴格以及前後一致的態度，可以讓孩子從中體驗到紀律與秩序，輔以信賴以及尊重小孩的自主性，這樣小孩就不會我行我素，足堪造就。

每一個人的「完整性」都受到限制，因為我們既不完美也不完整。然而，我們狹隘的本質因嚮往完整而得到不少啟發。我們的身心結構來自於遺傳，受到早年環境的影響，個人的經驗與行為模式、生活的內容，形成我們的人格與個性，在在使我們不完整，且顯得很片面。接受自己的狹隘與片面，知道「完整性」不可期，然後盡可能活得精彩，這樣的人可以做為這四種基本動力完備的代表，盡可能使自己接近完整。有些人努力試攀完整與完美的境界，也有人有意識地放棄一些東西，堅持讓能力有限的自己追求完美，內化這些不符本質的東西，不斷借力使力，從中獲得新的活力，能力因此被拓展。完美與完整兩者皆為人類達不到的理想境界，但我們都有能力接近目標。

有四個目標值得我們努力：**誠實面對自己、保有個人特質、不依賴他人、吸收新知認識世界，勇敢地活出自我。**

我們可以嘗試放開自我，與別人相融合，與人相愛，無私，跨越界限，奉獻自己完成任務。

我們可以覺得自己真誠、善良又美麗且始終如一，而為了保持這個最佳狀態，我們要試著對抗那些時而興起且會動搖破壞我們的東西，並遵循既有的規律與事實。

我們可以追求自由，肯定生命中不斷翻新的變化，像酒神一樣縱情享樂，卻也在自己身上找到清心寡欲的一面。

我們也可以是：分裂（害怕失去自我，避免與人來往）；憂鬱（害怕分離與寂寞，落得百般依賴）；強迫（害怕改變與消逝，死守著熟悉的事物）；歇斯底里（專斷自為，逃避既定事實與規範）。這些都會使我們錯失挑戰，人性因而脆弱不堪。

但這也暗示我們，互相矛盾又互補的兩種人格往往對彼此具有致命的吸引力——在另一個人身上看到我們無限嚮往、不得不壓抑或能力有所不及的特質時，還有什麼比這個更能魅惑人？我們很希望透過相反的人格類型而「完整」自己，從個人的侷限及片面性中被釋放出來，而這正是異性相吸的一個主要因素。

因此，分裂與憂鬱人格、強迫與歇斯底里人格互相吸引。我們潛意識中對互補的渴望，也許就是想要在伴侶身上尋找我們缺少的那一半，或者我們隱約希望從此解脫命定的個性枷鎖。總之，兩個對立人格類型之間的吸引力，也提供了互補的機會。但這只限於當我們準備好要接納另外一個人，接受他的不同，認真看待他並且瞭解他，才有可能在自己身上找出那個很不一樣的質素，並加以發展。話說回來，現實生活中可沒這麼容易，每個人都想把伴侶拉到自己的軌道上，希望他像自己，如此一來，不僅個人的創造力消失了，甚至會陷入辛苦的拉鋸戰。

如果精神分裂者與憂鬱人格者天雷勾動地火，通常情節如下：精神分裂的人感受得到憂鬱者愛人的能力，以及犧牲自我、善體人意又樂得退居幕後的態度，他預感這將是救他於孤立無援的良機，他不曾體會過的信賴、受人照顧，憂鬱的伴侶都可以源源供給。精神分裂的人從憂鬱者那兒感受到他未曾被激發出來的本質。另一方面，吸引憂鬱人格的是，精神分裂人格過的是他不敢嘗試的生活：做獨立的個體、不怕失去自己、沒有罪惡感。同時他也察覺出對方非常渴望他的愛。至於分裂與憂鬱的人相守一生會造成何等不幸，書中都已做了介紹。精神分裂的人開始感受到憂鬱者想緊緊抓住他，而他最怕別人依附著他度日；憂鬱者一旦知曉精神分裂的人堅持獨立自主，他對失去的恐懼就會被凸顯出來。兩種對立的態度會更形尖銳，造成嚴重的衝突。

強迫人格由衷欣賞歇斯底里人格的多采多姿、活躍積極、冒險犯難以及擁抱新鮮事物的個性，因為他自己固守熟悉的東西，總是有安全上的顧慮，因而活得束手縛腳。如同前文所述，歇斯底里人格被與自己相反的人格類型所迷惑，強迫人格的穩定、連貫與足堪信賴、依循規範度日，都是他所欠缺的。但如果雙方的恐懼被強化了，也會釀成悲劇，產生嚴重衝突。強迫人格注重細節、吹毛求疵、牢騷滿腹、自以為是的強硬態度以及權力欲望，加上逼迫別人的傾向，會讓他的伴侶喘不過氣來，也陷入歇斯底里的狀態。伴侶具有強迫人格時，在他堅定、冷靜客觀的背後，埋藏著他對改變的恐懼，與對方共度的一生是計畫好的，沒有華彩片段，缺少變化，日常生活不曾有即興或隨性而做的事情，只會發出微弱的光，而這光亮是伴侶肯定他時綻放出來的，他自己則十分吝於讚美，怕寵壞了伴侶。歇斯底里的伴侶被強迫人格的一成不變嚇壞了，他感到疑惑不安，沮喪之餘發動攻擊，用他的毫無邏輯與矛盾來迷惑對方，尤其是他那些只會使強迫人格更形僵化的種種要求。雙方將形同陌路，錯失了截長補短的機會。

唯有互相瞭解接納，不擔心自己的恐懼被深化，上述兩個案例的問題才可以找到解答。若對立的人格十分極端，就不太樂觀，雙方的恐懼會經由彼此的差異而升高，讓人覺得必須加倍保護自己，對方強大的吸引力頓時消失，徒留不安與陌生。

這四個基本概念與恐懼原型有助於我們瞭解伴侶之間互相吸引的條件，以及平常的人際關係。今日有愈來愈多的夫妻或情侶稍感失望就拆夥，其實應該好好利用失望的時機多瞭解對方，自己也繼續成長成熟。

這四個恐懼的類型是我們生存於這個世界上的要件，以前反覆發生，今後也一樣。不同的時代、文化、社會結構以及生活條件；因時代而異的意識型態與價值觀；倫理和宗教、政治與經濟觀點，每個人所體驗到的這四種恐懼的基調不盡相同，評價也不一。也許其中一個類型成為主流長達數世紀之久，在這個環境下長大的小孩看出它的缺點，集體抗拒或藐視，相反的類型因而發展出來。

農業定居的文化最適合保存以下這些特色：堅守傳統以及代代相傳的經歷，強調安全、占有與永恆。而這些容易形成強迫人格的特質。今日的社會都市化、工業化，人與大自然的關係改變了許多，不帶感情的職業應運而生，粗陋且沒有特色，人人都面臨失根的威脅，如同精神分裂的人過的日子一樣，沒有人際往來、對周遭漠不關心，靠著高科技維持生活所需。所以，我們一方面要強調分裂人格所追求的個體化並非孤絕的實現自我以及踽踽獨行，而是要邁向更廣闊、超乎個人的整體性；另一方面我們應該有意識的以情感和人性為出發點，對待互想矛盾的觀點與思維。

已然銷聲匿跡的父權體制，其中絕對的權力和專制，以及固定的傳統與個人地位，是培養強迫人格的溫床。但他們不再是靠著農業社會的機制，而是植基於更強烈的權力欲望，壓迫以及利用依附他們的弱勢族群。一旦被壓迫的人覺醒，群起而攻之時，極端者性解放、打破各種禁忌，溫和者則嘗試追求新的自由。群體也有尋求互補的傾向，以便平衡病態式的狹隘、關起門來做皇帝的行徑，人們通常要過很長一段時間之後，才會察覺異樣，然後週期性的釋出一些壓抑，直到火山爆發。至於採用的手段激烈與否，端看原來社會閉塞的程度。

毫無疑問，四種人格類型與年齡，四種動力與生物學之間，彼此相關。度過幼齡成長期，進入青少年的**離心力**階段，眼前展開的路無限寬廣，我們信心滿滿勾勒未來的藍圖，雀躍地踏上探險之旅。到了所謂的黃金時期，我們希望建立安定的生活，**向心力**引領我們為特定的目標奮鬥，擴充自己的勢力與財力。我們在職場上展現實力，成家立業，為人父母。許多人中年之後開始感覺到想要改變，尋常的責任與挑戰不再滿足他，期許挑戰更高遠的目標。我們希望忘掉一己的平凡平淡，探究更深層的問題，萌生形而上、先驗的需求，慢慢領悟到放手的意義，因為自己也有從這世界消失的一天。然後，進入晚年，死神逐漸靠近，我們將孤單地面對這個局勢，也許承受死亡的孤寂感會讓我們更有智慧；另外我們也感受到慈悲，知道自己是大自然的一部分，不久即將回歸自然，天人合一的「一」

所指雖為孤單一人，卻也是合而為一。我們當然毋須太強調暮年的種種，但可以從中讀取生命的規律。

也許好戲在後頭。人到中年，我們會發現又回到原點，重新開始，只是層次提高了一些，必須再度克服隨之而來的恐懼：我們認清了未來有時而盡，所有的願望也不可能逐一實現；**對於定局的恐懼**以煥然一新的面貌造訪。接著，我們又發覺自己辛苦經營的物質與精神財產正在起變化，體力不若當年，沒有什麼是絕對、永恆的；**對消逝的恐懼**再度登門。然後，我們有生離死別的經驗，孩子展翅高飛，各自成家立業，至親好友一個一個被死神帶走，於是我們領悟應該要放手了；**對寂寞的恐懼**重新湧上心頭。生命的最後階段是死神降臨，我們無法與任何人平分死亡，無法帶哪一個人共赴黃泉；我們最後一次與**對交出自己的恐懼**打交道，把自己交到死神的手中。我們的存在隨著這最後一個步伐邁向渾沌無知，一如我們誕生的剎那。

然而，有些人不敢踏出這最後的一步，重複著年輕時的生活：他們不接受年老這回事，想盡辦法讓青春永駐，並花更多的時間和精力賺取財物。到了遲暮之年，他們只對吃喝有興趣，關心自己的腸胃和健康，白髮蒼蒼又無依無靠，與需人照料的孩童沒有兩樣。

懷著期待閱讀本書，以為從所敘述的四大人格類型中可以找到自己的屬性，卻發覺很難斷定的讀者或許會感到有些失望。你大概在每一種類型中都看得出自己的身影，每一種基本的恐懼感也都經歷過。我倒認為這是本書逼真、寫真的證明，這些恐懼與人格並不**單一**、**純粹**。若要清楚認定，勢必要把重點放在我們理性的需求上，所指涉者必須明確，也必須更清楚地界定系統。而本書探索的是生命的真相，威力通常很強大。書中從人的共通性來討論四種生命動力以及所對應的恐懼，這些都與幼年時期的生長經驗息息相關，你我都要經過這一關，所以我們要對自己的這一部分有所認知。然後我們才有資格說，正因為我每一種人格的特色都有那麼一點兒，所以在每一個章節都看得到自己；換句話說，四種動力沒有哪一個在我們身上獨霸一方。這表示滋養這些動力與恐懼的童年，我們過得還不錯。若某一種人格類型被特別凸顯出來，其中一定暗藏失落，而這正印證了童年時期身心健康的發展有多麼重要。

四種動力在我們成長期間發揮何種功能，與下列因素有關：我們帶著「第一天性」來到世上，占星學可以針對我們的星座做一些預言，包括第一個成長階段中的遺傳天性。幼年及長大後的環境形成我們的「第二天性」，第一天性將因環境和外來的影響而逐漸模糊。如果外來影響很大，第二天性與我們原初的天性和遺傳完全無法調和，我們的心靈會感到不適而生病。書中援引的例子很清楚地告訴我們，早年與後來的環境對於我們的心理健康占著多大的比重，尤其是小時候的家庭，包括社會文化的環境、父母，這些因素形成一個框架，孩子由此接收到集體的價值觀，或者予以拒絕。

若是從孩子所受到的忽視與傷害來看，認為父母應該承擔過錯的話，不如說不僅父母操弄了孩子的命運，孩子也同樣成為父母的宿命。一樣米養百樣人，每個人的性情和人格都不相同，嬰幼兒的依賴期如此之長，生長期間又十分脆弱，一個人能夠長大，確實比其他生物都來得險象環生。無論我們是不是稱職的父母，能夠打心裡疼愛小孩、給兒女源源不絕的愛，但兒女也回報我們一樣多的愛嗎？姑且不論我們把自己的願望轉移到孩子身上，若孩子很有個性或怪模怪樣，我們能夠愛他如昔嗎？小孩有沒有為我們帶來煩惱，搞得我們一籌莫展？當孩子有所堅持，我們是否心生難以接受的感覺？這些也會成為我們無法改變的宿命，造成我們百般責難兒女。而我們能夠做的是，避免使孩子受到嚴重的傷害，對此我們要多瞭解幼童需要什麼，知道自己在兒女小的時候做錯了什麼，那麼我們就可以早一點探測他的創傷，也許還有補償修正的機會。

除了心理治療，還有很多別的方法對行為異常的小孩有所幫助：遊戲治療、教育諮詢、家庭諮商、婚姻諮商、夫妻諮商團體、家庭成員個別治療。我們對身體病痛已有共識，認為應該採取預防措施，也就是生病時理當就醫。但我們卻不太主張針對小孩的心靈狀態、親子或師生之間的衝突，也採行若干預防措施；雖然我們都曉得，許多孩子身體上的病痛其實反映的是心靈上的問題，而這正是早年心靈創傷所致。對於這一點我們仍處於未開化狀態，由於無知而不求進步，使孩子的心靈蒙受巨大的傷害。為人父母者、師長以及國家研究機構應該攜手合作，致力於預防精神官能症。

回到本書的主題「恐懼」：假使我們可以理解，折磨著我們的恐懼是一種跡象，有助於我們找出生命的失衡之處，或者回顧一下生命歷程，是否某一項重大挑戰曾經令我們卻步，這將有助於我們識破恐懼的真面目，跨越彼時的障礙，獲得新的自由，賦予生命新的秩序與責任。如此一來，恐懼就有了正面的意義，富含創造力，激勵我們創新求變。

本書所用的譬喻對我們應該也有一些啟發，領悟到應該與其他力量合作，運用井然的秩序，使所有的矛盾與對立保持均衡，但絕非退化為靜止不動，或變質為一片混亂。天體運行的動力太過或不及，都會對整個太陽系造成危害，甚且會摧毀一切。人類亦同，片面狹隘或缺少某一種基本動力，將使我們的內心失衡，心靈也會跟著生病。

以宇宙的力量為背景，兼之後天陶鑄出來的個性，可以看出我們存在的一體兩面：人是宇宙的一部分，要遵守時代精神與生活規律，且必須合乎人性；這是不受限於時間且永恆的立場。另一面是，人是獨一無二的個體，與生俱來的性格與後天環境塑造了他，這是有時間性且受限的立場。身為年壽有時而盡的生物，我們寫下個人的故事，擁有自己的個性，難免有些狹隘偏頗。追求完美與完整乃人性之常，因為懷有這個理想，我們得以超越過往的自己與種種界限，省思跨時代、文化與種族的人類整體的問題，也就合乎人性。

如果有一個人釐清了自己為什麼害怕交出自己，因而對生命與周遭的人敞開心房，有勇氣發展自我，主宰自己的生活，不再因缺乏安全感而害怕；接著，他接受了生命事物終將消逝的事實，活得有聲有色又有意義；他接受自然法則及生活中的規範，知道毋須迴避事實，但不因此而懼怕自由被剝奪——假如真有這樣一個人，我們想當然耳要頒獎表揚他的成熟與完美。但如果這些目標我們都只能稍微靠近一點兒的話，正表示完美的人性與成熟是我們努力追求的目標，它並非人類揑造出來的理想，而是我們把人安放到宇宙井然有序的系統中。

國家圖書館出版品預行編目資料

恐懼的原型：分裂、憂鬱、強迫、歇斯底里人格深度探索
弗里茲．李曼 Fritz Riemann 著 楊夢茹 譯
初版 . -- 臺北市 : 商周出版 : 家庭傳媒城邦分公司發行
2017.03 面； 公分

譯自 : Grundformen der Angst : eine tiefenpsycholog. Studie, 42st ed.

ISBN 978-986-477-201-8(平裝)

1. 變態心理學 2. 恐懼

175 106002563

恐懼的原型：分裂、憂鬱、強迫、歇斯底里人格深度探索

原著書名／Grundformen der Angst
作　　者／弗里茲．李曼 Fritz Riemann
譯　　者／楊夢茹
責任編輯／陳玳妮

版　　權／林心紅
行銷業務／李衍逸、黃崇華
總 編 輯／楊如玉
總 經 理／彭之琬
事業群總經理／黃淑貞
發 行 人／何飛鵬
法律顧問／元禾法律事務所 王子文律師
出　　版／商周出版
115 台北市南港區昆陽街 16 號 4 樓
電話：(02) 25007008 傳真：(02)25007579
E-mail：bwp.service@cite.com.tw
Blog：http://bwp25007008.pixnet.net/blog
發　　行／英屬蓋曼群島商家庭傳媒股份有限公司城邦分公司
115 台北市南港區昆陽街 16 號 8 樓
書虫客服服務專線：(02)25007718；(02)25007719
服務時間：週一至週五上午 09:30-12:00；下午 13:30-17:00
24 小時傳真專線：(02)25001990；(02)25001991
劃撥帳號：19863813；戶名：書虫股份有限公司
讀者服務信箱：service@readingclub.com.tw
城邦讀書花園：www.cite.com.tw
香港發行所／城邦（香港）出版集團有限公司
香港九龍土瓜灣土瓜灣道 86 號順聯工業大廈 6 樓 A 室
E-mail：hkcite@biznetvigator.com
電話：(852) 25086231 傳真：(852) 25789337
馬新發行所／城邦（馬新）出版集團【Cite (M) Sdn. Bhd.】
41, Jalan Radin Anum, Bandar Baru Sri Petaling,
57000 Kuala Lumpur, Malaysia.
Tel: (603) 90563833 Fax: (603) 90576622
Email: services@cite.my

封面設計／黃聖文
排　　版／極翔企業有限公司
印　　刷／韋懋實業有限公司
經 銷 商／聯合發行股份有限公司
電話：(02) 2917-8022 Fax: (02) 2911-0053
地址：新北市 231 新店區寶橋路 235 巷 6 弄 6 號 2 樓

■ 2017 年 03 月 30 日初版
■ 2024 年 05 月 30 日初版 10.5 刷
定價 360 元

Printed in Taiwan

 ISBN 978-986-477-201-8

商周出版

廣 告 回 函
北區郵政管理登記證
北臺字第000791號
郵資已付，免貼郵票

115　台北市南港區昆陽街16號8樓

英屬蓋曼群島商家庭傳媒股份有限公司城邦分公司　收

請沿虛線對摺，謝謝！

商周出版

書號：BX1069	書名：恐懼的原型	編碼：

請於此處用膠水黏貼

商周出版

讀者回函卡

感謝您購買我們出版的書籍！請費心填寫此回函卡，我們將不定期寄上城邦集團最新的出版訊息。

不定期好禮相贈！
立即加入：商周出版
Facebook 粉絲團

姓名：＿＿＿＿＿＿＿＿＿＿＿＿＿＿＿＿＿＿ 性別：☐男 ☐女

生日：西元＿＿＿＿＿＿年＿＿＿＿＿＿月＿＿＿＿＿＿日

地址：＿＿＿＿＿＿＿＿＿＿＿＿＿＿＿＿＿＿＿＿＿＿＿＿＿＿

聯絡電話：＿＿＿＿＿＿＿＿＿＿＿＿ 傳真：＿＿＿＿＿＿＿＿＿＿

E-mail：

學歷：☐ 1. 小學 ☐ 2. 國中 ☐ 3. 高中 ☐ 4. 大學 ☐ 5. 研究所以上

職業：☐ 1. 學生 ☐ 2. 軍公教 ☐ 3. 服務 ☐ 4. 金融 ☐ 5. 製造 ☐ 6. 資訊
☐ 7. 傳播 ☐ 8. 自由業 ☐ 9. 農漁牧 ☐ 10. 家管 ☐ 11. 退休
☐ 12. 其他＿＿＿＿＿＿＿＿＿＿＿＿＿＿＿＿＿＿＿＿＿＿

您從何種方式得知本書消息？

☐ 1. 書店 ☐ 2. 網路 ☐ 3. 報紙 ☐ 4. 雜誌 ☐ 5. 廣播 ☐ 6. 電視
☐ 7. 親友推薦 ☐ 8. 其他＿＿＿＿＿＿＿＿＿＿＿＿＿＿＿

您通常以何種方式購書？

☐ 1. 書店 ☐ 2. 網路 ☐ 3. 傳真訂購 ☐ 4. 郵局劃撥 ☐ 5. 其他＿＿＿

您喜歡閱讀那些類別的書籍？

☐ 1. 財經商業 ☐ 2. 自然科學 ☐ 3. 歷史 ☐ 4. 法律 ☐ 5. 文學
☐ 6. 休閒旅遊 ☐ 7. 小說 ☐ 8. 人物傳記 ☐ 9. 生活、勵志 ☐ 10. 其他

對我們的建議：＿＿＿＿＿＿＿＿＿＿＿＿＿＿＿＿＿＿＿＿＿＿＿＿

請於此處用膠水黏貼